Zum Andenken

an:

Ingrid Tu[illegible]

7. im März '03

Katja Behrens

Alles Sehen kommt von der Seele

Wir bedanken uns bei der Deutschen Blinden-Bibliothek in Marburg und bei der Perkins School for the Blind in Watertown, Mass., die uns das Bildmaterial zur Verfügung stellten, sowie beim Verlag Freies Geistesleben für die freundliche Abdruckgenehmigung diverser Zitate.

Katja Behrens

Alles Sehen kommt von der Seele

Die Lebensgeschichte
der Helen Keller

BELTZ
& Gelberg

Katja Behrens, geboren in Berlin, arbeitete viele Jahre als Übersetzerin (u. a. übersetzte sie Henry Miller), war anschließend Verlagslektorin und ist seit 1978 freiberufliche Schriftstellerin. Sie wurde mit zahlreichen Literaturpreisen ausgezeichnet und ist Mitglied des PEN. Zuletzt erschienen von ihr im S. Fischer Verlag der Roman *Die Vagantin* und im Programm Beltz & Gelberg *Zorro. Im Jahr des Pferdes.*

Für Judith Krichbaum

www.beltz.de

Programm Beltz & Gelberg, Weinheim

Einband von Doro Göbel
Neue Rechtschreibung
Gesamtherstellung
Druckhaus Beltz, 69494 Hemsbach
Printed in Germany
ISBN 3 407 80889 5
1 2 3 4 5   05 04 03 02 01

I

Sie wusste nicht, wie ihre Mutter aussieht. Sie wusste nur, wie sie riecht und wie sie sich anfühlt. Ihre Hände kannten den Körper der Mutter und ihr Körper kannte die Hände der Mutter. Es waren die einzigen, von denen sie sich manchmal liebkosen ließ. Sie kannte die Hände des Vaters und die Hände der Kinderfrau. Sie konnte sie genau unterscheiden, aber sie wusste nicht, dass die einen weiß und die andern schwarz waren. Sie wusste überhaupt nicht, dass es schwarze und weiße Hände gibt und dass die schwarzen noch bis vor wenigen Jahren Sklavenhände gewesen waren. Sie wusste nichts vom Bürgerkrieg und nichts davon, dass ihr Vater Hauptmann in der Konföderierten Armee gewesen war. Auch nach dem Krieg nannte man ihn weiter Captain Keller. Nur konnte sie es nicht hören. Kein Laut drang an ihr Ohr. Alles ging über ihren Kopf hinweg. Bei Tisch hörte sie nichts von den endlosen Gesprächen über den Krieg. Sie wusste nicht, was ein Gespräch ist. Sie konnte nicht wissen, dass es so etwas gibt, weil sie nicht wusste, dass es Worte gibt. Die wenigen, die sie gelernt hatte, bevor sie blind und taub wurde, hatte sie längst wieder vergessen. Sie hörte nichts von den schauerlichen Lauten, die aus ihrer Kehle kamen, wenn sie etwas wollte oder nicht wollte. Sie wusste nicht, dass sie einen Namen hatte und alle anderen Menschen im Haus, ihre Brüder, die Köchin, die Mägde, die Stallknechte und Dienstboten, auch einen Namen hatten. Sie wusste nur, wie ihre Körper sich anfühlten und wie sie rochen, und mit der Zeit lernte sie, wo sie zu finden waren.

Sie tastete sich durch das Haus, die Treppe hinauf und hinunter, aber sie wusste nicht, dass das Ding, das aufwärts und abwärts führte, eine Treppe war. Sie kannte nur die Beschaffenheit des Holzes und spürte seine Schwingungen.

Sie wusste, wo die Tür ist, und tastete sich hinaus in den Garten, in dem der Wind lautlos über ihre Wangen strich und kein Vogel sang. Die Hühner gackerten nicht, die Hunde bellten nicht. Es gab nur Düfte und Stacheliges und Weiches und Rundes und Festes. Es gab den Geruch der Schafe auf den Weiden, aber kein Blöken, keine zufrieden kauenden Schafsgesichter. Kein Schweinegrunzen in den Ställen. Stumme Pferde. Kein Rascheln im Stroh, kein Schnauben, und nur die Fingerspitzen kannten die Euter der Kühe.

Sie roch die Milch und fuhr nicht zurück, wenn die Schwänze der Kühe ihr ins Gesicht schlugen. Sie war furchtlos und neugierig und ohne Ruhe, ständig unterwegs, allein oder mit der Tochter der Köchin, die etwas älter war als sie und wie alle anderen erst später einen Namen bekam: Martha Washington. Mit ihr zusammen formte sie Klöße in der Küche oder drehte die Eismaschine. Manchmal saßen die beiden auch auf den Küchenstufen und fütterten die Puten.

Das Gefühl der pickenden Schnäbel in der Handfläche, mehr nicht. Kein Kollern und nicht das Rot der Fleischklunker. Überhaupt keine Farbe. Keine Farbe und kein Licht. Das Dämmer der Scheune bedeutete ihr nichts. Für sie war es immer und überall dunkel. Tag und Nacht gleich, Heute und Morgen gingen ineinander über, es gab keine Vergangenheit und keine Zukunft.

Helen Keller, geboren am 27. Juni 1880 in Tuscumbia, Alabama, wusste noch nicht, dass sie vorhanden war. Kein Spiegel warf ihr das eigene Bild zurück. Sie war von allem ausgeschlossen, eingemauert in sich selber.

Später, nachdem Anne Sullivan »das Wunder der Sprache« in ihrer Hand zurückgelassen hatte und sie darüber schrieb, wie das war, in der sprachlosen, der ichlosen Zeit, war ihr das kleine Mädchen von damals so fremd, dass sie nicht »ich« sagen konnte.

Sie schrieb von sich in der dritten Person und nannte sich »Phantom«. »Ich erinnere mich ihrer als eines plumpen, kräftigen, rücksichtslosen und unerschrockenen Wesens.«

Dieses namenlose Wesen, »ein Phantom in einer Nicht-Welt«, wusste nichts mehr davon, dass es eine Zeit gegeben hatte, in der es sehen und hören konnte, nichts mehr von der Krankheit, ohne die es nicht so viel Leid hätte durchmachen müssen, aber sicher auch nicht weltberühmt geworden wäre als eine der mutigsten, tapfersten und klügsten Frauen, die je gelebt haben.

Wahrscheinlich war es eine Hirnhautentzündung. Sie war neunzehn Monate alt und dem Tode nah gewesen. Sie hatte überlebt, das Fieber war zurückgegangen, die Eltern konnten aufatmen.

Helen war ihr erstes gemeinsames Kind. Kate Keller war Mitte zwanzig, Arthur Keller Mitte vierzig. Kate war seine zweite Frau und nicht sehr viel älter als seine beiden Söhne aus erster Ehe, James und Simpson.

Dass Helen nichts mehr sah, merkte Kate Keller, als sie das Kind nach der überstandenen Krankheit zum ersten Mal wieder badete. Sie fuhr mit ihr zu einem Augenarzt.

Mit der Gewissheit, dass Helen für immer blind war, kam sie nach Hause zurück. Dort merkte sie, dass Helen auch taub war. Selbst wenn man ihr unmittelbar ins Ohr schrie, wandte sie nicht einmal den Kopf.

In dem Alter, in dem andere Kinder die Welt zu erkunden beginnen, saß Helen, die schon lange bevor sie krank geworden war, laufen gelernt hatte, plötzlich wieder auf dem Schoß der Mutter und klammerte sich fest. Dass es ihr später möglich wurde, sich die Welt, aus der sie ausgeschlossen war, von neuem zu erschließen, nahm vielleicht in dem Augenblick seinen Anfang, in dem sie losließ und sich tastend und schnuppernd erst durch das Zimmer und später durch Haus und Garten bewegte.

Aber sie ist kein Teil des Ganzen mehr. Sie hat ihren Platz in der Familie verloren. Sie ist allein. Wie ausgestoßen. Auch wenn die Mutter da ist, die Kinderfrau, der Vater, die Brüder, Onkel und Tanten, die Köchin, Mägde und Knechte, auch wenn sie alle da sind, sind sie nicht da. Sie kann sie an ihrem Geruch unterscheiden, doch keinen Blick, kein Wort mit ihnen wechseln. Sie ist immer dabei, wenn Besuch kommt, und immer allein. Alles geht über ihren Kopf hinweg, als wäre sie nicht da. Kein Blick eines andern sagt ihr, dass sie da ist und dass das gut so ist. Sie weiß nichts davon, dass sie für die anderen sehr wohl da ist und ihr Dasein den einen Kummer macht, den anderen lästig ist und manchen sogar unerträglich. Sie ist abgeschnitten von sich und den anderen, ein Phantom, ein Trugbild, etwas, das es nicht wirklich gibt. Sie spürt Sonnenwärme auf der Haut, kennt Regen und Kühle und Kälte, aber sie hat keinen Platz in der Welt.

Sie wächst auf, ohne zu wissen, dass Zeit vergeht. Ohne Richtung, ohne Ziel, ohne irgendein Wohin. Später wird sie sich mit einem Schiff in dichtem Nebel vergleichen. Kein Wohin und nie irgendwo ankommen. Bloß immer Habenwollen. Am liebsten Vanille-Eis. Den Geschmack von Vanille-Eis spürt sie schon auf der Zunge, wenn sie nur daran denkt. Sie entwickelt Zeichen. Kopfschütteln bedeutet *nein*, Nicken *ja*, Heranziehen *komm*, Fortstoßen *geh*. Hat sie Lust auf Eis, dreht sie eine imaginäre Eismaschine und schauert zusammen, als fröre sie. Die Welt besteht aus dem, was sie schmecken, fühlen und riechen kann. Den Schinken in der Küche, die eingemachten Gurken, die Kaffeebohnen in der Kaffeemühle. Alles namenlose Gerüche. Nichts hängt mit irgendetwas anderem zusammen. Was sie ertasten kann, ist da, was sie nicht ertasten kann, ist nicht da. »Ich ›dachte‹ und wünschte in meinen Fingern. Hätte ich einen Menschen geschaffen, so würde ich sicherlich Gehirn und Seele in seine Fingerspitzen gelegt haben.«

Sie bewegt sich allein, weg von Mutter und Kinderfrau, scheinbar autonom und ist doch vollkommen abhängig. Alles geschieht plötzlich, unvorher*gesehen*. Plötzlich fasst sie jemand an, hält sie jemand fest. Plötzlich stößt sie irgendwo an, fällt hin, greift in Ekliges.

Sie weiß nicht, wie ihr geschieht. Sie hat ihre Schürze nass gemacht und breitet sie zum Trocknen vor dem Kaminfeuer im Wohnzimmer aus. Es dauert ihr zu lange. Sie bringt die Schürze näher ans Feuer, die Flammen erfassen ihr Kleid. Sie brennt. Es brüllt aus ihr heraus. Die Kinderfrau hört es. Sie wirft eine Decke über sie. Auch jetzt weiß sie nicht, was ihr geschieht. Nur dass sie fast erstickt.

Haare und Hände sind versengt. Der Schock sitzt so tief, dass sie noch jahrelang davon träumt. Die Träume aus dieser Zeit sind alle Albträume. »Ein Geist scheint vor meinem Gesicht vorüberzuhuschen … bringt eine Empfindung von kühler Feuchtigkeit mit sich, wie man sie an einem kühlen Novemberabend am offenen Fenster fühlt. Der Geist macht unmittelbar vor meiner Reichweite Halt und schwankt vorwärts und rückwärts wie ein Geschöpf, das einen Kummer hat. Mein Blut wird kalt, und es ist mir, wie wenn es in meinen Adern gefröre. Ich versuche mich zu bewegen, aber mein Körper ist festgebannt, und ich kann nicht einmal schreien.« Traum und Wachen gehen ineinander über. Sie versteckt sich. »Meine Tante weinte, weil sie mich nicht finden konnte. Aber ich freute mich wie ein kleiner Teufel bei dem Gedanken, dass sie und andere nach mir suchten und dabei großen Lärm machten, den ich mit meinen Füßen wahrnahm. Plötzlich wich die Lust am Unfug einem Gefühl von Unsicherheit und Furcht. Mich fror. Die Luft roch wie Eis und Salz. Ich versuchte davonzulaufen, aber ich verwickelte mich in dem langen Gras und fiel auf mein Gesicht. Ich lag ganz still und fühlte mit meinem ganzen Körper. Nach einer Weile schienen alle meine Sinneswahrnehmungen in meinen Fingern konzentriert zu sein, und ich bemerkte, dass die Grashalme scharf wie Messer waren und meine Hand schmerzhaft verletzten. Ich versuchte vorsichtig aufzustehen, um mich nicht an dem scharfen Gras zu schneiden … Auf einmal fühlte ich, wie etwas verstohlen heranschlich, absichtlich gerade auf mich zu heranschlich. Ich weiß nicht, wie ich damals diesen

Begriff in mir haben konnte, denn ich hatte noch kein Wort für Absicht. Und doch war es gerade die böse Absicht, die mich erschreckte, nicht das schleichende Tier. Ich hatte keine Angst vor lebenden Geschöpfen. Ich liebte die Hunde meines Vaters, das munter hüpfende Kälblein, die sanften Kühe, die Pferde und Maulesel, die mir Äpfel aus der Hand fraßen, und keins von diesen Tieren hat mir je etwas zu Leide getan. Ich lag auf der Erde und wartete in atemlosen Entsetzen darauf, dass das Tier heranspringen und seine langen Krallen in mein Fleisch schlagen würde. Ich dachte, sie werden sich anfühlen wie die Klauen eines Truthahns. Plötzlich berührte etwas Warmes und Feuchtes mein Gesicht. Ich schrie auf, schlug wie rasend um mich und erwachte.«

Traum und Wachen gingen ineinander über. Helen schlug um sich, wenn sie schlief, und sie schlug um sich, wenn sie wach war. Nur so konnte sie aus sich herausgehen.

Egal was war, morgens beim Anziehen, abends beim Ausziehen, sie schlug um sich, trat um sich, tobte, wann immer sie etwas wollte oder nicht wollte.

Sie trat nach allem, was ihr im Weg war, stieß weg, woran sie sich stieß. Im Hause Keller ging so manches zu Bruch. Später sagte sie, in jener Zeit sei sie »ein wildes, zerstörerisches kleines Tier« gewesen.

Niemand strafte sie. Sie rannte auch mit ihrer Wut ins Leere. Sie kam nicht an. Irgendwann hatte sie entdeckt, dass die anderen sich nicht wie sie durch Zeichen verständigten, sondern etwas mit dem Mund und den Händen machten. Sie verstand nicht, was das war, und stellte sich immer mal wieder zwischen zwei, die sich miteinander unterhielten, berührte ihre Lippen und fuchtelte mit den Händen und geriet jedes Mal von neuem außer sich, wenn sie nicht ankam, schlug um sich und tobte und stieß das schauerliche Gebrüll aus, das alle Ohren im Haus quälte, nur ihre eigenen nicht. Sie hatte ein unbändiges Verlangen, zu verstehen und verstanden zu werden, und sie hatte eine unbändige Kraft. Eine Kraft, mit der sie nichts anfangen konnte und die ihren Ausdruck nur in Wutanfällen fand. An das Gefühl der Wut konnte sie sich später nicht mehr erinnern, nur an die körperliche Empfindung beim Schlagen und Treten. Sie war nicht nur von den anderen abgeschnitten, sondern auch von sich selber. Wenn sie weinte, fühlte sie den Kummer nicht, nur die über die Wangen laufenden Tränen, einem Menschen gleich, der von drinnen zusieht, wie draußen der Regen über die Scheibe rinnt.

Plötzlich saß jemand auf dem Schoß ihrer Mutter. Sie wusste nicht, dass das Wesen, das ihren Platz eingenommen hatte, Mildred hieß und ihre Schwester war. Sie wusste nicht, dass sie selber fünf Jahre alt war, sie wusste überhaupt nicht, dass es Jahre gibt. Alles war Jetzt. Gewiss hatten ihre Hände zuvor den Bauch der Mutter ertastet und die verwirrende Veränderung wahrgenommen. Sie musste es hinnehmen wie alles andere, für das es keine Erklärung gab.

Plötzlich lag das Baby in der Wiege, die Helen für ihre Puppe benutzt hatte. Sie kippte die Wiege um. Das Baby flog hinaus. Die Mutter fing es auf. Und musste sich fragen, was gewesen wäre, wenn … Und musste ihr eigenes Kind fürchten. Und fragte sich nicht zum ersten Mal, ob die Krankheit auch sein Gehirn geschädigt hatte. Einer ihrer Brüder erklärte Helen für schwachsinnig und meinte, sie müsse aus dem Haus, in ein Heim. Hier war ein *Mädchen*, das tobte und die Familie tyrannisierte und doch schon so alt war, dass es hätte gelernt haben müssen, sich willig und mit Charme zu fügen. Wir befinden uns im Jahre 1885 in Alabama, und es steht außer Frage, wie ein Mädchen zu sein hat. Zweifel können sich kaum verbreiten. Es gibt kein Fernsehen und kein Radio, nicht einmal Elektrizität.

Helen kennt den Geruch der Kerosinlampen, die abends angezündet werden, aber sie weiß noch nicht, dass sie Licht verbreiten. Sie ist körperlich gesund. Seit der Krankheit, die sie blind und taub gemacht hat, war sie nicht einen Tag krank. Sie ist gesund und stark und tobt gegen die unsichtbaren Mauern an, die sie umschließen. Ein Mensch mit weniger Kraft hätte längst aufgegeben, wäre dumpf und stumpfsinnig geworden.

Helen gab nicht auf, sondern hämmerte in immer neuen Wutanfällen gegen die verschlossene Tür. Nachdem sie irgendwann die Bedeutung von Schlüsseln begriffen hatte, vergnügte sie sich damit, ihre Mutter einzusperren. Einmal, als die Dienstboten nicht in der Nähe waren, schloss sie ihre Mutter in der Speisekammer ein, setzte sich auf die Treppe und lachte schadenfroh.

Sie spürte die Erschütterungen des Pochens und wusste genau, was die Mutter da drinnen machte: Sie hämmerte gegen die Tür. Sie wollte raus und konnte nicht. Und kurz nachdem Anne Sullivan ins Haus gekommen war, musste auch sie als Gefangene in ihrem eigenen Zimmer an die Tür pochen. Helen hatte sie eingeschlossen und den Schlüssel unter dem Kleiderschrank im Korridor versteckt. Sie wusste noch nicht, dass diese namenlose Person, die aus unbekannten Gründen plötzlich da war, bald der wichtigste Mensch in ihrem Leben sein würde, und weigerte sich, den herbeigeeilten Eltern kundzutun, wo der Schlüssel war. Der Vater musste eine Leiter holen, hinaufklettern und Miss Sullivan zum Fenster hinaushelfen.

II

Anne Sullivan war einundzwanzig Jahre alt, als sie zu den Kellers kam, um Helen zu unterrichten. Dass es überhaupt möglich ist, ein taubblindes Kind aus seiner Isolation herauszuholen, hatte Kate Keller in einem Buch gelesen. Es war ein Buch von Charles Dickens, *Aufzeichnungen aus Amerika.*

Kate Keller las viel, und sie wird den Reisebericht des berühmten englischen Schriftstellers einfach nur so, aus allgemeinem Interesse zur Hand genommen haben, doch gab es darin einen ausführlichen Bericht, der sie ganz persönlich anging. Sie und Helen.

Gleich nach seiner Ankunft in Boston hatte Dickens, der in seiner Jugend selber eine Zeit im Armenhaus verbracht hatte und auf seiner Reise durch Nordamerika vor allem Wohltätigkeitsinstitute, Irrenhäuser und Gefängnisse besuchte, das Perkins-Institut für Blinde besichtigt und war dort auf ein Mädchen gestoßen, das wie Helen durch eine Krankheit blind und taub geworden war, »… gleichsam wie in einer Marmorzelle eingemauert, unzugänglich für den kleinsten Lichtstrahl oder den leisesten Ton, und ihre arme weiße Hand sah hervor durch einen Riss des Steins«.

Ihr Name war Laura Bridgman. Sie war in Hanover,

New Hampshire geboren und zwei Jahre alt gewesen, als sie taub und blind wurde und den Geruchs- und Geschmackssinn verlor. Samuel Howe, der Leiter des Perkins-Instituts für Blinde, hatte sie in das Institut geholt, als sie sieben Jahre alt war, und eine Methode entwickelt, um ihr die Sprache zu erschließen. Sie war der erste taubblinde Mensch, bei dem das gelungen war. »In einem Jahr hat sie eine große Geschicklichkeit in dem Gebrauch des Fingeralphabets der Taubstummen erlangt und buchstabiert die Worte und Sätze, die sie kennt, so schnell und gewandt, dass nur diejenigen, die sich an diese Sprache gewöhnt haben, den schnellen Bewegungen ihrer Finger folgen können. Noch wunderbarer als die Schnelligkeit, mit der sie ihre Gedanken in die Luft schreibt, ist die Leichtigkeit und Genauigkeit, mit der sie die von anderen geschriebenen Worte liest, indem sie ihre Hände ergreift und, jeder Bewegung ihrer Finger folgend, den Sinn Buchstabe für Buchstabe erschließt … so stark scheint das natürliche Streben ihrer Gedanken zu sein, sich in das Gewand der Sprache zu kleiden, dass sie häufig Monologe *in der Fingersprache* hält, so langsam und beschwerlich dies auch ist. Wenn sie jedoch merkt, dass jemand in der Nähe ist, gibt sie keine Ruhe, bis sie dicht neben ihm sitzen, seine Hand halten und durch Zeichen mit ihm reden kann.«

Als Dickens Laura Bridgman sah, war sie zwölf Jahre alt und konnte sich nicht nur mit Hilfe des Fingeralphabets unterhalten, sondern auch lesen und schreiben.

Kate Keller schöpfte Hoffnung. Doch war Dickens Besuch im Perkins-Institut mittlerweile über vierzig Jahre her, und es war fraglich, ob das Institut noch existierte. Um diese Zeit hielt sich ein Mann aus Boston in Tuscumbia auf, der Pferdegeschirre verkaufte. Kate Keller fragte ihn, ob er je von einem Perkins-Institut gehört habe. Er wusste nichts, versprach aber, sich zu erkundigen.

Es ist nicht überliefert, ob der Mann aus Boston je von sich hören ließ – die Kellers fanden ohne ihn zum Perkins-Institut.

Helen war sechs Jahre alt. Sie hatte Mildreds Wiege umgekippt. Sie tyrannisierte die ganze Familie. Jeden Tag, jede Stunde Geschrei und Tränen. In der Verwandtschaft sprach nicht nur Kate Kellers Bruder davon, dass Helen schwachsinnig sei. Wie verunsichert Kate Keller damals war, zeigt die Tatsache, dass sie noch Jahre später, als Helen bereits ihren Universitätsabschluss gemacht hatte, von ihr verlangte, sie solle eine Passage in *Die Welt, in der ich lebe* streichen, weil sie befürchtete, die Leser könnten den Schluss daraus ziehen, Helen sei früher schwachsinnig gewesen. Aber da war auch ihre Schwägerin, die meinte, das Kind habe mehr Verstand als alle Kellers zusammen, man müsse nur einen Weg finden, an sie heranzukommen.

Captain Keller war ein einflussreicher Mann in Tuscumbia, hatte Grundbesitz und Vieh und gab eine Zeitung heraus, den *North Alabamian*, in seinem Haus wurde gut gegessen und getrunken, aber es mangelte an Bargeld. Das änderte sich erst, als Keller zum Polizeichef von Nordalabama ernannt wurde. Nun bekam er ein Gehalt und konnte es sich leisten, mit seiner Frau, seiner Schwester und Helen zu einem Augenarzt in Baltimore zu reisen, der in dem Ruf stand, scheinbar hoffnungslos Erblindete geheilt zu haben.

Es war eine lange Zugfahrt. Möglich, dass die Eltern gefürchtet hatten, sie müssten unterwegs ein tobendes kleines Mädchen bändigen, *vor allen Leuten*. Aber das war nicht nötig. Helen war abgelenkt und angeregt und hatte nicht einen Ausbruch. Sie freundete sich tastend mit allen möglichen Leuten an, eine Dame schenkte ihr eine Schachtel mit Muscheln, der Schaffner ließ sie mit seiner Zange spielen und ihre Tante machte ihr eine Puppe aus Taschentüchern. »Es war ein komisches, formloses Ding, diese improvisierte Puppe ohne Nase, Mund, Augen und Ohren … Seltsamerweise störte mich das Fehlen der Augen mehr als alle übrigen Mängel. Ich suchte dies allen Anwesenden beharrlich klar zu machen, aber niemand schien imstande zu sein, die Puppe mit Augen zu versehen. Plötzlich schoss mir ein Gedanke durch den Kopf. Ich sprang von meinem Sitz auf und suchte so lange, bis ich den Mantel meiner Tante fand, der mit großen Knöpfen besetzt war. Ich riss zwei Knöpfe ab und bedeutete ihr, sie mir an die Puppe zu nähen. Sie legte mit einer fragenden Gebärde meine Hand an ihre Augen, und ich nickte energisch. Die Knöpfe wurden an der richtigen Stelle angenäht, und ich konnte mich vor Freude nicht fassen, verlor jedoch augenblicklich alles Interesse an der Puppe.«

Der Arzt in Baltimore konnte nichts für Helens Augen tun, erklärte aber, sie sei ein aufgewecktes Kind, es gebe Möglichkeiten, sie zu unterrichten, sie sollten sich an Alexander Graham Bell in Washington wenden.

Die Familie reiste nach Washington weiter. Es war zehn Jahre her, dass Alexander Graham Bell den ersten brauchbaren Telefonapparat öffentlich vorgeführt hatte. Und wenn er das Gerät, das er erfunden hatte, später auch ungern benutzte, so spielte das Hören (und Nichthören) doch eine besondere Rolle in seinem Leben. Seine Mutter war taub und er hatte eine taube Frau geheiratet. Er selber war Taubstummenlehrer gewesen wie schon sein Vater vor ihm.

Helen merkte sofort, dass da jemand war, der ihre Zeichen verstand. Er verstand ihre Zeichen und er verstand sie, und sie brauchte nicht wütend zu werden. Sie konnte nicht sehen, dass er gute Augen hatte, und sie konnte nicht wissen, dass er ihr wichtigster Freund werden würde, aber sie ließ sich von ihm auf den Schoß nehmen und hatte ihn gern.

Bell riet den Kellers, sich an das Perkins-Institut in Boston zu wenden. Samuel Howe war gestorben, Laura

Bridgman lebte noch und das Institut wurde jetzt von Howes Schwiegersohn, Michael Anagnos, geleitet.

Es war im Sommer 1886. Ein paar Wochen nachdem Arthur Keller an Anagnos geschrieben und ihn gefragt hatte, ob er jemanden wisse, der Helen unterrichten könne, kam die Antwort: Es war jemand gefunden worden.

Der Jemand war Anne Sullivan, die gerade die Schule abgeschlossen hatte und bei Sophia Hopkins in Brewster auf Cape Cod zu Gast war.

III

Es war die Zeit der Sommerferien, das Perkins-Institut für Blinde hatte geschlossen.

Die Schüler waren nach Hause gefahren, selbst Laura Bridgman, die mittlerweile sechsundfünfzig Jahre alt war, verbrachte die Ferienmonate bei ihrer Familie; nur Anne Sullivan hatte niemanden – ohne Sophia Hopkins hätte sie nicht gewusst, wohin.

Sophia Hopkins war Hausmutter im Perkins-Institut. Sie war Witwe, ihr Mann, ein Schiffskapitän, war auf See umgekommen, und nachdem auch ihre Tochter gestorben war, hatte sie nach einer Aufgabe gesucht, die ihrem Leben wieder einen Sinn geben würde.

Am Strand spielende blinde Kinder brachten sie auf den Gedanken, sich an dem Blinden-Institut in Boston zu bewerben. Das war nicht allzu weit von Brewster, und dort arbeitete sie jetzt seit drei Jahren und hatte unter anderem Anne Sullivan betreut, die einerseits als aufsässig galt und mehr als einmal beinahe von der Schule geflogen wäre, andererseits aber als besonders begabte Schülerin darum gebeten worden war, die Festrede bei der Abschlussfeier für ihren Jahrgang zu halten. Und jetzt war die Frage, wie es weitergehen sollte. Annie musste sich ernähren und wusste nicht, wie. Einen

Beruf hatte sie nicht gelernt. Aber sie musste Geld verdienen. Als Kindermädchen oder Tellerwäscherin, irgendetwas musste sie tun. Da kam der Brief von Mr. Anagnos, der ihr die Stelle bei den Kellers anbot.

Annie hatte keine Wahl. Nach den Ferien würde Sophia Hopkins nach Boston zurückfahren, um eine neue Gruppe von Schülerinnen zu betreuen. Ein anderes Mädchen würde auf ihrem Platz sitzen und in ihrem Bett schlafen. Ob sie wollte oder nicht, sie musste das Angebot annehmen. In die Südstaaten gehen, bei einer fremden Familie leben, ein blindes und taubstummes Mädchen unterrichten. Allein, auf sich gestellt, ohne jemanden im Rücken. Da war niemand außer Mrs. Hopkins.

Sophia Hopkins war gut zu ihr. Sie war ihre Hausmutter gewesen, aber sie war nicht ihre Mutter. Annie konnte nicht zu ihr zurückkehren, wenn etwas schief ging.

Es war jetzt das dritte Mal, dass sie die Ferien in Brewster verbrachte, aber ihr Dasein im Haus von Mrs. Hopkins' Mutter hatte nichts von der Selbstverständlichkeit, mit der man sich in der Familie bewegt. Es war Sophia Hopkins' Zuhause und nicht das ihre. Wenn etwas schief ging, musste sie dahin zurück, wo sie hergekommen war: in das Armenhaus von Tewksbury.

Es gab nichts, wovor Anne Sullivan sich mehr fürchtete. Und es gab niemanden, mit dem sie darüber reden konnte. Wenn auch auf andere Weise, so war sie doch genauso in sich eingeschlossen wie das Kind, dessen Lehrerin sie werden sollte und von dem sie nichts wusste, außer dass es Helen hieß. Dass es blind und taubstumm war, schreckte sie nicht so – sie war selber bis vor vier Jahren blind gewesen. Was sie am meisten schreckte, war die Vorstellung, Helen könnte schwachsinnig sein.

Mit Schwachsinnigen hatte Anne Sullivan im Armenhaus zusammengelebt. Davor graute ihr. Doch blieb ihr nichts anderes übrig als zuzusagen, und wenn sie Mrs. Hopkins auch etwas von ihren Befürchtungen mitteilte, so konnte ihre Wohltäterin doch nicht ahnen, was das für sie bedeutete.

Sophia Hopkins wusste um Annies Armut, aber sie kannte diese Armut nicht aus eigener Erfahrung. Sie kümmerte sich um Annie, und sie hatte Verständnis für sie, aber sie wusste nichts von der Scham, die Annie empfand.

Das Armenhaus von Tewksbury lag nur zwanzig Meilen von Boston entfernt. Es war berüchtigt. Sophia Hopkins hatte davon gehört, mehr nicht. Es hatte nichts mit ihrer Welt zu tun.

Annie machte nicht einmal den Versuch, ihr davon zu erzählen. Es ging nicht. Sie konnte nicht. Die Scham hielt sie zurück.

Erst gegen Ende ihres Lebens konnte sie diese Scham in Worte fassen: »Das Schlimmste an der Armut ist die Scham. Die Scham darüber, von Hässlichkeit überwältigt worden zu sein, die Scham darüber, das Loch in dem auf Vollkommenheit angelegten Universum zu sein.«

Wenn Sophia Hopkins und ihre Mutter das junge Mädchen, das die Ferien bei ihnen verbrachte, auch nicht spüren ließen, dass sie Wohltätigkeit an ihr übten, so empfand Anne Sullivan es doch selber so. Sie war das Loch im Universum. Sie gehörte nicht dazu.

Der einzige Mensch, mit dem sie etwas Verwandtschaftliches verband, war ein alter Einsiedler, ein ehemaliger Seemann, der im Ort als verrückt galt. Er hauste in einer Höhle am Meer.

Mrs. Hopkins hatte ihr den Pfad gezeigt, der zu der Bucht führte, an der er lebte. Sie war selber nie dort gewesen, aber sie hatte ihr erzählt, was man sich im Ort erzählte: Die Höhle sei schmutzig und der Alte gefährlich.

Sie hatte Annie verboten, dorthin zu gehen. Annie hatte es trotzdem getan. Wie immer und alles, was sie bisher in ihrem Leben getan hatte.

Als sie ihn das erste Mal sah, saß er auf einer Bank und schlief. Er war barfuß und hatte einen langen, verwilderten Bart.

Freundlich war er nicht zu ihr. Wollte nichts zu tun haben mit Menschen, erst recht nicht mit dem, was er Weibsen nannte. Freunde wurden sie trotzdem. Zwei Außenseiter, zwei Einsame.

Von sich erzählte er fast nichts, nur dass er aus dem Ort stammte und zur See gefahren war. Von Schiffen redete er viel – dass sie ein Eigenleben haben wie die Menschen, »nur nicht so viel quatschen«. Im Sommer schlief er in einem baufälligen kleinen Schuppen an der Bucht, im Winter zog er sich in seine Höhle zurück. Seine Höhle zeigte er Annie erst, als sie zum dritten Mal nach Brewster kam. Sie war nicht schmutzig.

Er nannte sie Tochter und sie ihn Captain Dad. Manchmal rief er seine Möwen für sie, lockte sie mit gurrenden Lauten. Sie kamen und setzten sich auf seine Schultern und trippelten zu seinen Füßen herum. Sie saß still und schaute zu, wie er sie fütterte. Es waren so viele, dass sie später, wenn sie davon erzählte, meinte, es müssten Tausende gewesen sein.

Von dem alten Einsiedler und seinen Möwen erzählte sie gern. Das Armenhaus und die Not ihrer Kindheit verschwieg sie. Davon erzählte sie Helen erst, nachdem sie vierundvierzig Jahre zusammen gelebt hatten. In dem nach Anne Sullivans Tod entstandenen Buch über sie, *Teacher – Meine Lehrerin Anne Sullivan Macy*, schreibt Helen Keller: »Vorher, als ich noch nicht viel über diesen Teil ihres Lebens wusste, hatte ich mich gelegentlich durch einige ihrer Eigentümlichkeiten allein gelassen und verwirrt gefühlt. Um nichts in der Welt hätte ich versucht, in das Geheimnis einzudringen, das über diesem Leben lag. Dennoch war das Gefühl der Fremdheit da. Etwas, das zu subtil für Worte ist, fehlte in unserer Beziehung.«

Sie waren die wichtigsten Menschen füreinander, und doch brachte Annie es nicht über sich, *davon* zu reden. Die Scham saß so tief, als wäre alles ihre Schuld gewesen. Sie waren schon dreißig Jahre zusammen, als Helen ihr zuredete, über ihr Leben zu schreiben. »Ich bin sicher, dass ich dich, wenn du dieses Buch schreibst, zum ersten Mal wirklich kennen lernen werde. Das klingt seltsam … Und doch ist es so. Mir war immer klar, dass es in dem Buch deiner Persönlichkeit Kapitel gibt, die mir verschlossen bleiben.«

Es dauerte dann noch einmal mehr als ein Jahrzehnt, bis Annie sich endlich entschloss, ihre Zustimmung zu einer Biographie zu geben, und der Autorin, Nella Braddy, von ihrer Kindheit und Jugend erzählte. Ihr Leben lang hatte sie sich davor gefürchtet, dass »es rauskommt«, als ob ihre Kindheit ein Verbrechen gewesen wäre, das sie begangen hatte.

Helen würde das Buch über sie lesen. Sie musste es ihr sagen. Sie gab dem Dienstmädchen Ausgang und verbannte den Hund in eine Ecke. »Dann setzten wir uns nebeneinander, und das schreckliche Drama ihrer Kindheit und Jugend begann sich in meiner Handfläche zu enthüllen.«

IV

Anne Sullivan wurde im April 1866 in dem Dorf Feeding Hills im Staate Massachusetts geboren. Ihre Eltern, Alice und Thomas Sullivan, waren irische Einwanderer aus Limerick. Das Geld für die Überfahrt hatte ihnen Thomas Sullivans älterer Bruder John geschickt, der mit den anderen Geschwistern schon in Feeding Hills lebte und arbeitete.

Es war eine Zeit, in der Millionen von Iren notgedrungen nach Amerika auswanderten. Alle hofften sie auf Arbeit, Essen, ein besseres Leben. Fast alle hatten keine Ausbildung, und viele konnten, wie Annie Sullivans Eltern auch, weder lesen noch schreiben. Die meisten blieben in Neuengland hängen, von den Einheimischen, den mehr oder weniger Alteingesessenen, als faules, streitsüchtiges Pack betrachtet. Man bediente sich ihrer als billige Arbeitskräfte und wollte ansonsten nichts mit ihnen zu tun haben.

Annie war das erste Kind ihrer Eltern. Ihre Mutter war selber fast noch ein Kind. Ihr Vater war ein Säufer.

Annie war etwa zwei Jahre alt und hatte bereits eine Schwester, Ellen, als ihre Mutter gegen den Herd fiel, das Ofenrohr aus der Wand kam und der Herd auf sie stürzte. So erzählte man es Annie später, und so gab sie es an ihre Biographin weiter, auch wenn sie selber bezweifelt haben mag, dass die Mutter »einfach so« gegen den Herd gefallen war. Gut möglich, dass Thomas Sullivan seine Frau verprügelt hat und sie dabei mit solcher Wucht gegen den Herd fiel, dass er umkippte. Von da an konnte sie nur noch auf Krücken gehen und den Haushalt nicht mehr versorgen. Sie litt an Tuberkulose, und Annie sah sie meist im Bett liegend oder, von Kissen gestützt, in einem Sessel sitzend, bleich, mager und müde.

Annie ist noch nicht drei Jahre alt, als ein drittes Kind geboren wird, Jimmie, der an einer Hüfttuberkulose leidet und später nur mit einer Krücke gehen kann. Nach ihm kommt Mary zur Welt. Sie ist gesund und hübsch und gefügig, ganz anders als Annie, die ständig rebelliert und Anfälle von Zerstörungswut hat. Der Vater erklärt, sie habe den Teufel im Leib, und prügelt sie halb tot. Die Mutter hilft ihr, sich vor ihm zu verstecken.

Annie ist gerade sieben Jahre alt geworden, als ihre Schwester Ellen stirbt und ihre Mutter kurz darauf noch ein Kind zur Welt bringt, einen Jungen, der zwei Monate später stirbt.

Annie ist erleichtert, als der Vater den kleinen Sarg fortträgt. Der Säugling hatte die beiden Monate, die er zu leben hatte, ständig geschrien.

Knapp ein halbes Jahr später stirbt die Mutter. Annie

kann sich nicht erinnern, dass sie sie jemals in den Arm genommen hat. Niemand hat sie jemals in den Arm genommen.

Die Mutter wird aufgebahrt. Annies Geschwister weinen. Sie ist von allem abgetrennt, sie fühlt nichts. In ihrer Erinnerung gibt es überhaupt kein Gefühl im Zusammenhang mit ihrer Mutter, nur Bilder.

Die mageren Hände der Mutter, die die Blätter einer vor dem Fenster blühenden Geranie abzupfen, um Annies Augen mit Geranienwasser zu spülen. Annies Augen waren krank geworden. Eine Nachbarin hatte der Mutter geraten, sie mit Geranienwasser auszuwaschen. Geld für einen Arzt hatte sie nicht, und so konnte sie auch nicht wissen, dass Annie an einem Trachom litt, einer infektiösen Bindehautentzündung, die auch eine Armutskrankheit ist und unbehandelt zur Blindheit führt.

Es war kein Geld für die Beerdigung da. Später wusste Annie nicht, wo ihre Mutter begraben war. Es gab keinen Stein, der ihren Namen trug, nichts.

Onkel John nahm die beiden Kleinen zu sich, Annie blieb beim Vater und versuchte, ihm den Haushalt zu führen. Sie war acht Jahre alt und konnte kaum noch sehen.

Der Vater sagte ihr, dass ein einziger Tropfen aus dem Shannon ihre Augen heilen würde. Sie glaubte ihm, wie sie ihm seine Geschichten von den Feen und dem Kleinen Volk glaubte. Die aus dem Kleinen Volk hatten ihn als Baby in einem Sack verschleppt, und seiner Mutter hatten sie eine Kuh gestohlen, die Kuh jedoch zurückgebracht, nachdem die Mutter ein Schwein für sie gekocht hatte. All das erzählte er ihr so ernsthaft, wie sein Vater es ihm einst im fernen Irland erzählt hatte, als er selber ein kleiner Junge war und alles glaubte, und wenn er dann auf England zu sprechen kam, tat er auch das mit dem leidenschaftlichen Hass seiner Vorväter.

Irgendwann zog der Vater zu irgendwelchen Verwandten und Annie wurde von einem seiner Cousins und dessen Frau Anastatia aufgenommen. Die beiden hatten selber mehrere Kinder und waren vergleichsweise wohlhabend. Ihre eigenen Kinder gingen zur Schule, Annie musste zu Hause bleiben, weil sie nicht sehen konnte.

Sie passte nicht in Anastatias wohl geordneten Haushalt. Sie war unbeherrscht, schroff, heftig, trotzig, kein liebenswürdiges Kind. Sie war nicht zu bändigen und man fürchtete sie. Sie war allein, da war niemand, der seine schützende Hand über sie gehalten hätte. Einmal hörte sie, wie Anastatia über sie redete: »Sie ist miserabel erzogen. Jedes Fohlen auf der Weide hat bessere Manieren als sie.«

Annie ist neun und ihr kleiner Bruder Jimmie fünf Jahre alt, als eine Mietkutsche vor dem Haus hält. Anastatia sagt ihr, dass die Kutsche sie und Jimmie nach Springfield bringen wird, von da aus werden sie mit dem Zug weiterfahren.

Annie hat das Gefühl, dass etwas nicht stimmt, aber sie weiß nicht, was. Anastatia weint. Sie wischt sich die Augen mit der Schürze und versucht, Annie in den Arm zu nehmen und zu küssen. Das hat sie noch nie getan. Annie sträubt sich. Anastatia hört auf zu weinen und sagt: »Du könntest wenigstens am letzten Tag brav sein.«

Mary ist auch da, um Abschied zu nehmen. Annies kleine Schwester ist bei einer Tante untergekommen. Ein Kind, das keine Schwierigkeiten macht und sehr hübsch ist. Hässlich an ihr ist nur eine große Narbe auf der Stirn. An der Narbe ist Annie schuld. Annie hat sie, als sie ein Baby und Annie wegen irgendetwas wütend war, so heftig geschaukelt, dass sie in hohem Bogen aus der Wiege flog, und da war keine Mutter gewesen, die sie auffing.

John und Anastatia Sullivan hatten Annie und ihren Bruder Jimmie mit dem immer größer werdenden Auswuchs an der Hüfte ins Armenhaus abgeschoben.

Das Armenhaus des Staates Massachusetts lag in dem Dorf Tewksbury und bestand aus mehreren halb verfallenen Gebäuden. Die Insassen mussten ihre Notdurft in Eimer verrichten, die Luft war knapp, es stank erbärmlich.

Die beiden Kinder lebten in einem Saal mit kranken, verrückten, sterbenden alten Frauen.

Zwei Monate nach ihrer Ankunft starb Jimmie. Danach hatte Annie das Gefühl, sie wäre »das einzige lebende Wesen auf der Welt«. Mehr als ein halbes Jahrhundert später hatte sie immer noch im Ohr, wie die Metallrollen der Feldbetten über den Fußboden ratterten, wenn die Toten aus dem Saal in den Verschlag geschoben wurden, der als Totenkammer diente. Als Jimmie noch lebte, hatte er mit Ratten und Kakerlaken gespielt. Die Ratten hatte er mit einer zusammengedrehten Zeitung geärgert und sich gefreut, wenn sie quietschten.

Einmal kam ihr Vater mit seinem Bruder und brachte ihnen Süßigkeiten mit. Die beiden waren auf dem Weg nach Chicago. Das war das letzte Mal, dass Annie ihren Vater sah, und das letzte Mal, dass irgendjemand von der Familie sich um sie kümmerte.

Ein Jesuitenpater sorgte dafür, dass Annies Augen operiert wurden. Besser sehen konnte sie nach der Operation nicht, aber sie war »draußen« gewesen, jenseits der Mauern von Tewksbury, und als sie zurückkam, wurde sie nicht mehr im Hospital untergebracht, sondern bei den jüngeren Frauen, von denen manche nicht älter als zwölf Jahre alt waren. Viele waren schwanger und nur da, um ihre Kinder zur Welt zu bringen, die meist nicht mehr als nur ein paar Tage oder Wochen lebten. Viele hatten Tuberkulose und etliche waren verrückt.

Ein nur leicht verrücktes Mädchen namens Nella war der erste Mensch, der Annie vorlas. Nella selber war nicht an Büchern interessiert. Annie erinnerte sich später, dass sie miserabel las, ganze Absätze ausließ und das Vorlesen nur auf sich nahm, weil Annie ihr versprochen hatte, ihr zur Flucht zu verhelfen; aber für Annie waren die Bücher, die sie bald selber aus der kleinen Bibliothek im Verwaltungsgebäude holte, eine Offenbarung. Noch war sie aufs Vorlesen angewiesen, aber jetzt hatte sie ein Ziel: Sie wollte zur Schule gehen, lesen und schreiben lernen. Eine blinde alte Frau hatte ihr erzählt, dass es Schulen für Blinde gibt, da wollte sie hin.

Sie war vier Jahre in Tewksbury, als sich unter den Insassen herumsprach, dass eine Untersuchungskommission das Armenhaus besichtigen würde, um sich ein Bild von den Zuständen dort zu machen. Der Vorsitzende des Wohlfahrtsausschusses von Massachusetts, Frank Sanborn, leitete die Kommission. Ihn wollte Annie ansprechen und darum bitten, zur Schule gehen zu dürfen. Doch wusste sie nicht, welcher von den Männern, die von Haus zu Haus und Saal zu Saal gingen, Mr. Sanborn war. Sie sah nur schemenhafte Gestalten und wusste nicht, welche Stimme zu Mr. Sanborn gehörte. So folgte sie der Gruppe, hörte die Reden mit an, die gehalten wurden, und wagte es nicht, auf sich aufmerksam zu machen.

Die Männer waren schon wieder am Tor und im

Begriff zu gehen, als Annie mit dem Mut der Verzweiflung zu ihnen hinstürzte und, immer noch ohne zu wissen, welches Mr. Sanborn war, sagte: »Mr. Sanborn, Mr. Sanborn, ich möchte zur Schule gehen!«

Später konnte sie sich nicht erinnern, wie lange es dann noch dauerte, bis eine Frau kam und ihr sagte, sie würde zur Schule gehen. Die Frau nahm sie zur Kleiderkammer mit, wo das Bündel lag, mit dem sie gekommen war. Ein alter Schal, ein Unterhemdchen, ein Paar Schuhe, alles längst ausgewachsen.

Schon fürchtete sie, nicht gehen zu können. Und war dankbar für die beiden Baumwollkleider, die man ihr schenkte. Noch als alte Frau erinnerte sie sich, dass sie schwarz geblümt waren, das eine rot, das andere blau. Kleider sollten in ihrem Leben eine große Rolle spielen. Immer wollte sie schön angezogen sein.

Jemand vom Wohlfahrtsausschuss brachte sie nach Boston. Im Zug erkundigte sich eine freundliche Dame, wo sie herkomme und wo sie hinfahre.

Annie wäre lieber gestorben, als das Armenhaus zu nennen, der Mann vom Wohlfahrtsausschuss tat es an ihrer Stelle.

Sie schämte sich, und sie schämte sich noch mehr, als die Dame ihr über den Kopf strich, sie »armes Kind« nannte und ihr einen Apfel und ein Butterbrot schenkte. »In diesem Augenblick wurde mir bewusst, wie hässlich ich aussah. Mir war klar, dass es das Baumwollkleid war, das das Mitleid der Dame erregt hatte. Als ich es anzog, hatte ich es schön gefunden. Ich war bloß froh, dass sie nicht sehen konnte, was ich darunter trug – ein grobes, ungebleichtes Hemd, das mir bis zu den Knien reichte. Ich trug schwarze Strümpfe und plumpe Schuhe, die mir zu klein waren. Ihre waren glänzend und schwarz und an den Seiten geknöpft. Ich versuchte, meine unter dem Sitz zu verstecken. Sie trug einen Hut mit Federn. Ich hatte keinen Hut und keinen Umhang, nur einen Baumwollschal, der zu meiner großen Beschämung immer wieder zu Boden fiel. Doch wurde mir erst, als die Frau mich bemitleidete, bewusst, wie schlecht ich gekleidet war.«

Als Anne Sullivan im Perkins-Institut für Blinde ankommt, ist Helen Keller drei Monate alt. Ihre künftige Lehrerin ist vierzehn, kann weder lesen noch schreiben und kennt nicht einmal ihren eigenen Geburtstag. Sie hat ihre zwei Baumwollkleider und zwei Unterhemden, mehr nicht. Keine Zahnbürste, kein Nachthemd.

In der Nacht nach ihrer Ankunft schläft sie zum ersten Mal in ihrem Leben in einem Nachthemd. Das Nachthemd hat ihre Hausmutter von einer Mitschülerin geliehen.

Annies Mitschülerinnen kommen aus wohlhabenden Familien. Ihre Väter sind Pfarrer und Lehrer, Zahnärzte und Apotheker. Zwischen ihnen und ihr gibt es keinen Berührungspunkt. Sie fühlt sich so einsam wie noch nie. Im Armenhaus war sie unter ihresgleichen, eine Ausgestoßene unter Ausgestoßenen. Mit den Mädchen, mit denen sie jetzt zusammenlebt, hat sie nichts gemeinsam, außer dass sie alle blind sind. Die anderen Mädchen können lesen und schreiben und rechnen und Matten flechten, Annie kann das alles nicht. Wenn sie etwas falsch macht – und sie macht die einfachsten Dinge falsch –, lacht die Klasse sie gnadenlos aus. Die Lehrer lachen mit. Noch als alte Frau sagt Annie: »Die Zeit hat diese Wunden nicht geheilt.«

Alles, was sie bisher gelernt hat, ist in Frage gestellt. Nichts gilt mehr. Sie hat unter Katholiken gelebt – ihre Mitschülerinnen sind protestantisch. Und sehen auf Katholiken und ganz besonders auf Iren herab. Sie weiß nicht, wie man sich bei Tisch benimmt, ihre Umgangsformen sind rüde, und ihre Sprache macht deutlich, dass sie aus der Gosse kommt. Auch wenn sie schnell lernt, bleibt sie doch eine Außenseiterin. Die Mädchen fühlen sich ihr überlegen und sie fühlt sich den Mädchen überlegen. Glaubt sie. Redet sie sich ein. Sie lebt aus dem Widerstand heraus. Wie immer. Darin ist sie geübt, das hat sie von klein auf gelernt. Ab und zu verfällt sie in »finstere Stimmungen« – heute würden wir sagen: Sie hat Depressionen.

Die ersten Sommerferien verbrachte sie bei einer Mitschülerin. Im zweiten Sommer besorgte ihr jemand aus dem Institut eine leichte Arbeit in einer Pension in Boston. Einer der Gäste, ein junger Mann, der ihr manchmal aus der Zeitung vorlas, sorgte dafür, dass sie ihre Augen in einer Klinik untersuchen ließ. Im Perkins-Institut war niemand auf den Gedanken gekommen, dass ihr vielleicht noch zu helfen war. Gewöhnlich war für die Zöglinge des Instituts alles getan worden, was möglich war, *bevor* sie dorthin kamen.

Ein Jahr später, nach zwei Operationen und regelmäßiger Behandlung, konnte Anne Sullivan sehen. Sie war sechzehn Jahre alt und sah zum ersten Mal den Fluss, die Fenster in den Häusern, die Backsteine, aus denen in Boston gebaut worden war. Alles, was sie bisher nur in schemenhaften Umrissen kannte, nahm Gestalt an. Und sie konnte zum ersten Mal selber lesen. Sie las ohne Rücksicht auf ihre Augen, als ginge es um ihr Leben, wie eine Ertrinkende, die sich an ein Stück Holz klammert.

Sie las beim Schein der Straßenlaternen, hielt das Buch zum Fenster hinaus und las, las. Sie tastete auch die in Blindenschrift geschriebenen Bücher nicht mehr ab, sondern las mit den Augen. Sie hatte nie gelernt, sich zu schonen. Niemand hatte sie je geschont. Später wird man ihr vorwerfen, sie treibe Helen schonungslos an

Sie konnte jetzt auch die Zeitungen selbst lesen. Wenn im Perkins-Institut aus der Zeitung vorgelesen wurde, dann wählte man die Artikel aus, die als für junge neuenglische Mädchen geeignet galten.

Aus der Zeitung erfuhr Annie, dass es eine gerichtliche Untersuchung der Zustände im Armenhaus von Tewksbury geben würde. Zwei Jahre nachdem die von Mr. Sanborn geleitete Untersuchungskommission dort gewesen war.

Die Anhörung fand in Boston statt. Annie bat um die Erlaubnis, hingehen zu dürfen. Es wurde ihr verboten. Sie ging trotzdem. Vielleicht auch, weil sie hoffte, jemanden zu sehen, den sie kannte, jemanden aus ihrer alten Welt. Die alte Welt, das Armenhaus, vor dem ihr graute – noch lange sollte die Angst sie quälen, am Ende doch wieder dorthin zurückzumüssen – aber die Mädchen und Frauen dort waren ihr vertraut, anders als ihre Mitschülerinnen. Im Institut war und blieb Annie die Außenseiterin.

Zwei Jahre nach ihrer Ankunft wurde Sophia Hopkins ihre Hausmutter. Mrs. Hopkins hatte Verständnis für sie und setzte sich auch für sie ein, als Anagnos sie von der Schule verweisen wollte, weil sie trotz seines Verbots zu der Anhörung gegangen war. In diesem und den folgenden Sommern nahm sie Annie mit nach Cape Cod, und für die Abschlussfeier schenkte sie ihr ein Festkleid, das sie selber als junges Mädchen getragen hatte. Sie wusste, dass Annie sie dringender brauchte als die anderen Mädchen, die alle eine Familie hatten, und vielleicht spielte es auch eine Rolle, dass Annie so alt war, wie ihre Tochter Florence gewesen wäre, wenn sie weitergelebt hätte. Florence war gestorben, als Annie das Armenhaus verlassen hatte.

V

Als Anne Sullivan die Stellung bei den Kellers annahm, war Laura Bridgman sechsundfünfzig Jahre alt. Annie hatte mit ihr in einem Haus gelebt und wusste, dass es ausführliche Berichte darüber gab, wie Laura unterrichtet worden war. Diese Berichte wollte sie studieren, um sich auf die Arbeit mit Helen vorzubereiten. Das Einzige, was sie bisher dafür mitbrachte, war ihre Kenntnis des Fingeralphabets, das sie wie alle Mädchen im Haus gelernt hatte, um sich mit Laura unterhalten zu können.

Am Ende der Sommerferien fuhr Annie mit Sophia Hopkins zum Perkins-Institut zurück. Es war im September 1886 und fünfzig Jahre her, dass Laura ihren ersten Unterricht erhalten hatte. Nach ihr waren andere taubblinde Kinder unterrichtet worden, aber keines von ihnen hatte die Sprache entdeckt.

Laura war die Einzige, die den Durchbruch geschafft hatte. Sie war nicht nur von Howe, sondern noch von vier weiteren Lehrern unterrichtet worden, die alle eine besondere Ausbildung und Erfahrung hatten. Und hier war ein zwanzigjähriges junges Mädchen, das selber erst vor sechs Jahren lesen und schreiben gelernt hatte und ganz auf sich gestellt sein würde im fernen Alabama.

Das Einzige, was sie Lauras Lehrern voraushatte, war, dass *sie* wusste, was es bedeutet, blind zu sein. Zu der Zeit, als Howe das Perkins-Institut leitete, hatte er sich die Augen verbunden und war ein paar Tage lang so herumgelaufen, um eine Vorstellung davon zu bekommen, wie seine Zöglinge sich fühlten. Später, nachdem die Arbeit mit Laura Bridgman erfolgreich gewesen war, schrieb er: »Sie war wie ein Mensch, der sich allein und hilflos in einem tiefen, dunklen Schacht befindet, und ich ließ ein Seil herab und ließ es über ihr baumeln, in der Hoffnung, dass sie es findet, ergreift und daran heraufgezogen werden kann in das Licht des Tages und der menschlichen Gesellschaft.«

Das Seil, das Howe zu Laura hinabließ, bestand aus Worten, die in erhabenen Buchstaben auf Schildchen geschrieben waren. Die Schildchen waren auf einen Gegenstand geklebt, einen Löffel zum Beispiel oder einen Becher, etwas, das Laura kannte und von dem sie wusste, was man damit macht. Dann wurden Schildchen und Gegenstände getrennt, und Laura sollte zusammenlegen, was zusammengehört. Man führte ihre Hände, man zeigte ihr, was man von ihr wollte. Sie verstand. Und machte es – meistens – richtig. Nicht weil sie begriffen hatte, worum es ging, sondern weil sie ein gutes Gedächtnis und einen ausgeprägten Nachahmungstrieb besaß. »Es war«, schrieb Howe, »wie wenn man einen recht klugen Hund ein paar Kunststücke lehrt.«

Vielleicht war es kein Zufall, dass der Durchbruch ausgerechnet mit einem Schlüssel kam. Howe sah, wie ihr Gesicht aufleuchtete, als sie den Schlüssel und das mit dem Wort *Schlüssel* beschriftete Schildchen betastete. Es war der Augenblick, in dem sie *begriff*, dass das Wort für das Ding stand, der Augenblick, in dem sie sich die Sprache erschloss. Die Sprache, von der Howe sagte, dass sie für den Geist mehr bedeute als die rechte Hand für den Körper, mehr sogar als das Licht für das Auge.

Annie kam nur langsam voran. Ihre Augen schmerzten, wenn sie zu viel las. Sie musste immer wieder Pausen machen.

Fünf Lehrer hatten sich mit Laura beschäftigt und alle hatten Aufzeichnungen über ihre Arbeit gemacht, jeder hatte Papier und Stift neben sich liegen, wenn er mit ihr arbeitete. So war sie nicht nur »ein Mensch, der sich allein in einem tiefen, dunklen Schacht befindet«, sondern auch ein Studien*objekt*. Sie wird etwas gespürt haben von der beobachtenden Neugier ihrer Helfer, und man darf annehmen, dass Anne Sullivan schon bei der Lektüre dieser Berichte wusste, sie würde es anders machen. Sie war keine Wissenschaftlerin, die Pionierarbeit leistete, und vielleicht ahnte sie auch schon, dass sie nicht so methodisch vorgehen würde wie Howe und seine Kollegen, die Laura erst Substantive beibrachten, dann einfache Verben, dann Adjektive, wobei sie ihr die Bedeutung jedes einzelnen Wortes erklärten.

Annie brauchte ein halbes Jahr, um die Aufzeichnungen über die Arbeit mit Laura Bridgman durchzuarbeiten. Bisher war Laura für sie eine ältere, frömmlerische Frau gewesen, eine stille Gestalt mit Augenklappen, die in ihrem Zimmer am Fenster saß und Handarbeiten machte. Nun begegnete sie dem Kind, das diese Frau einmal gewesen war. Das Kind wollte wissen, was Seele ist. Howe erklärte ihr, das sei »das, was denkt und fühlt und hofft und liebt«. Und sie fügte hinzu: »Und das, was wehtut.« Und wollte wissen, wohin die Seelen der Pferde gehen. Man sagte ihr, Pferde und Katzen und Fliegen hätten keine Seele. Sie fragte, ob Gott sehen könne, und als man ihr antwortete, ja, er könne sehen, wollte sie wissen, ob er weinen könne.

Annie begegnete auch der jungen Puritanerin, die Laura dann geworden war, einer schon schuldbewussten, aber immer noch fragenden Dreizehnjährigen: »Was kann ich zu Gott sagen, wenn ich böse war? Würde er mir verzeihen und gute Gedanken schicken, wenn es mir sehr Leid tut, dass ich böse war? Warum liebt er böse Menschen nicht, wenn sie ihn lieben?«

Die Laura, die Annie leibhaftig kannte, hatte längst aufgehört zu fragen. Aber sie nähte Kleider für eine Puppe, die die Schülerinnen des Instituts gemeinsam für Helen gekauft hatten. Ein Geschenk von den blinden Mädchen in Boston für das blinde Mädchen in Alabama.

VI

Ein paar Tage vor der Abreise wurden Annies Augen noch einmal operiert. Dann kaufte sie zusammen mit Sophia Hopkins die Fahrkarte. Zwei Reiseunerfahrene, die nicht wussten, dass es eine Direktverbindung nach Süden gab. Die Folge war, dass Annie drei Tage unterwegs war und viele Male umsteigen musste.

Das Geld für die Fahrkarte hatte ihr Mr. Anagnos geliehen. Sie hatte versprochen, es von ihrem Gehalt zurückzuzahlen. Für damalige Verhältnisse würde sie recht gut verdienen: fünfundzwanzig Dollar im Monat.

In Boston lag Schnee, als sie abfuhr. Es war der 1. März 1887. Sie hatte über tausend Meilen Zugfahrt vor sich. Sie war plötzlich ganz allein und sie konnte nicht lesen. Viel Zeit zum Nachdenken. Die Angst, dass Helen schwachsinnig war. Oder hässlich. Beides glaubte Annie nicht ertragen zu können. Vielleicht erinnerte sie sich auch daran, was sie über Miss Paddock gelesen hatte, die eine Zeit lang mit Laura gearbeitet hatte. Miss Paddock war beim Direktor erschienen und hatte erklärt, sie könne das schreckliche Schweigen nicht länger ertragen. Annie weinte so verzweifelt, dass der Schaffner sie fragte, ob jemand von ihrer Familie gestorben sei.

Je weiter sie nach Süden kam, desto mehr Schwarze sah sie. Schwarze gingen durch den Zug und verkauften Süßigkeiten und Popcorn. Es wurde wärmer. Annie schwitzte in ihren Winterkleidern. In Alabama war Frühling.

Am Abend des dritten Tages kam sie in Tuscumbia an. Sie fühlte sich so verloren wie noch nie. »Aber«, schrieb sie an Mrs. Hopkins, »es tat mir trotzdem nicht Leid, dass ich gekommen war. Die Einsamkeit, die ich im Herzen fühlte, ist eine alte Bekannte von mir. Ich bin mein ganzes Leben lang einsam gewesen.«

Am Bahnsteig stand James, Captain Kellers ältester Sohn. Er war so alt wie Annie, und obwohl er nichts weiter tat als ihren Namen im Singsang der Südstaatler auszusprechen, war ihr augenblicklich klar, dass sie niemals Freunde sein würden.

Mrs. Keller wartete in der Kutsche. Annie war erstaunt, wie jung sie aussah, nicht viel älter als sie selber. Sie begrüßte Annie mit Herzlichkeit und Charme.

Die Kutsche fuhr durch das Städtchen, über ungepflasterte, von blühenden Obstbäumen gesäumte Straßen, an frisch gepflügten Feldern vorbei, bis Mrs. Keller auf ein Haus deutete, das am Ende einer langen, schmalen Auffahrt lag.

Captain Keller erwartete sie vor der Treppe. In der Tür stand ein Kind mit zerzaustem Haar und schmutziger Schürze. Die Kellers waren seit zwei Tagen zu jedem ankommenden Zug gefahren.

Helen hatte aus dem Hin und Her geschlossen, dass irgendetwas los war. Die Räder der heranrollenden Kutsche hatte sie nicht hören können, aber sobald Annie den Fuß auf die erste Treppenstufe setzte, spürte sie die Schwingungen. Sie stürzte auf Annie zu, befühlte ihr Gesicht und ihr Kleid, riss die Reisetasche an sich und versuchte sie zu öffnen. Als sie nicht gleich aufging, tastete sie nach dem Schlüsselloch, wandte sich Annie zu, machte eine Bewegung, als drehe sie einen Schlüssel herum, und zeigte auf die Tasche.

Ihre Mutter bedeutete ihr, dass sie die Tasche in Ruhe lassen solle, und wollte sie ihr wegnehmen. Sie lief rot an und bekam einen Wutanfall. Annie lenkte sie mit ihrer Uhr ab. Sie beruhigte sich und stieg mit Annie zusammen die Treppe hinauf in den ersten Stock, wo Annies Zimmer lag.

Drei Tage nach ihrer Ankunft schrieb Annie einen ausführlichen Brief an Sophia Hopkins und schilderte ihr die erste Begegnung mit Helen.

Für Helen, die den Tag von Anne Sullivans Ankunft später als ihren Seelengeburtstag bezeichnete, war dies, als sie fünfzehn Jahre später die Geschichte ihres Lebens aufschrieb, »der wichtigste Tag in meinem Leben … Es war der 3. März 1887, drei Wochen vor meinem siebenten Geburtstag … Ich spürte sich nähernde Schritte. Ich streckte die Hand aus, wie ich glaubte, meiner Mutter entgegen. Irgendjemand ergriff sie, ich wurde emporgehoben und fest in die Arme geschlossen.«

Rückblickend konnte es wohl nicht mehr anders sein, als dass ihre Befreiung mit einer Umarmung begonnen hatte. Schon wusste sie nichts mehr davon, dass sie sich an jenem ersten Tag und auch später noch gegen jeden Versuch, sie zu umarmen, heftig gesträubt hatte. Es lag nicht an ihrem Gedächtnis – ihr Gedächtnis war ausgezeichnet. Vielleicht lag es daran, dass sie, als Annie ins Haus kam, noch keine Sprache hatte, keine Worte, keine Bilder, keine Töne, nichts, was ihr, die sie sich rückblickend mit einem Schiff verglich, das ohne Lot und Kompass durch dichten Nebel irrt, Anhaltspunkte beim Erinnern hätte bieten können. Helen Keller war sich dessen bewusst. Sie beginnt die Geschichte ihres Lebens mit den Worten: »Beim Ordnen meiner ersten Eindrücke wird mir bewusst, dass Wahres und Erfundenes … sich zum Verwechseln ähnlich sehen. Als Frau schildere ich die Erfahrungen des Kindes, wie sich diese in ihrer eigenen Phantasie darstellen. Ein paar Eindrücke aus meinen ersten Lebensjahren stehen lebendig vor mir, doch ›alles andere deckt der Kerkerschatten‹.«

Annie fiel ein Stein vom Herzen. Das Kind war nicht schwachsinnig und es war nicht hässlich. »Ich war auf ein blasses, zartes Kind gefasst – wahrscheinlich hatte ich diese Vorstellung durch Dr. Howes Schilderung von Laura Bridgman bei ihrer Aufnahme ins Institut. Aber

Helen war weder blass noch zart. Sie ist groß und stark und hat eine gesunde Gesichtsfarbe. Ihre Bewegungen sind so ungezügelt wie die eines jungen Fohlens … Ihr Gesicht ist schwer zu beschreiben. Es ist intelligent, aber ohne Ausdruck, es fehlt die Seele oder was.«

Helen half Annie beim Kofferauspacken und freute sich, als sie die Puppe fand. Annie buchstabierte ihr langsam das Wort *d-o-l-l* in die Hand. Helen ahmte die Fingerbewegungen nach. Es war wie ein neues Spiel, das ihr gefiel, bis Annie ihr die Puppe wegnahm, in der Absicht, sie ihr zurückzugeben, sobald sie das Wort noch einmal buchstabiert hatte. Doch davon wusste Helen nichts. Sie wusste nur, dass diese Person, die keinen Namen hatte, keine Stimme, kein Alter und keine Geschichte, nur einen bestimmten Geruch und eine bestimmte Art, sich anzufühlen, ihr die Puppe weggenommen hatte. Und schon fing sie an, zu trampeln und zu toben und an der Puppe zu zerren.

Annie hielt fest. Helen war daran gewöhnt, dass man ihr nachgab. Der Einzige, der sich nicht alles gefallen ließ, war ihr Halbbruder James. Sonst gab es niemanden, der ihr eine Grenze setzte. Das Kindermädchen ertrug ihre Schläge und hielt ihr nicht einmal die Hände fest. Zuweilen lief Helen tagelang ungekämmt herum.

Annie gab nicht nach. Helen bekam die Puppe nicht. Stattdessen versuchte Annie, ihre Finger dazu zu zwingen, die Buchstaben zu formen.

Helen ließ sich nicht zwingen. Die beiden trugen den ersten von vielen Kämpfen miteinander aus. Helen schlug und trat um sich. Annie presste sie auf einen Stuhl und hielt sie dort fest, bis sie selber nicht mehr konnte.

Da kam ihr der Gedanke, dass sie mit Gewalt nichts erreichen würde.

Sie ging hinunter in die Küche und ließ sich ein Stück Kuchen geben.

Helen roch den Kuchen und wollte danach greifen.

Annie buchstabierte ihr das Wort *cake* in die Hand. Helen, die offensichtlich verstanden hatte, was Annie von ihr wollte, ahmte eilig die Fingerbewegungen nach. Annie gab ihr den Kuchen, den sie aus Angst, dass man ihn ihr wieder wegnehmen würde wie die Puppe, in Windeseile aufaß.

Die Puppe, für die Laura Bridgman so hübsche Kleider genäht hatte, war bald zerschellt, in einem von Helens Wutanfällen zu Boden geschleudert. Sie war aus Porzellan und zerbrechlich. Helen wusste das vermutlich. Im Hause Keller ging vieles zu Bruch. Es tat dem Kind gut, Sachen hinzudonnern, das erleichterte, und das Wissen um die Scherben am Boden verschaffte ihm eine grimmige Befriedigung. Später, als Helen Worte hatte, um ihren Gefühlen Ausdruck zu verleihen, nannte sie das, was sie als sprachloses, zerstörerisches »Phantom« empfunden hatte, *Schadenfreude*. Anders als Laura, die die im puritanischen Neuengland übliche Erziehung »genossen« hatte, brauchte sie sich nie mit der Frage herumzuquälen, ob Gott sie wieder lieben würde, wenn es ihr nur sehr Leid täte, dass sie böse gewesen war. In der *Geschichte meines Lebens* ist mit keinem Wort die Rede von den Schlachten, die sie ihrer künftigen Befreierin lieferte, und wenn sie in dem Jahrzehnte später entstandenen Buch *Teacher* dann doch darauf eingeht, wird bis in die Wortwahl hinein deutlich, dass es sich nicht um Helen Kellers eigene Erinnerungen, sondern um Anne Sullivans Erzählungen handelt. Es spielte keine Rolle, dass sie »böse« war. Anne Sullivan verzichtete darauf, es ihr vorzuwerfen, und so konnte sie es einfach vergessen.

Annie kämpfte mit ihr, strafte sie, stellte sie in die Ecke, steckte sie ins Bett, aber sie machte ihr keine Schuldgefühle. Sie knüpfte ihre Liebe nicht an Bedingungen. Vermutlich erinnerte sie sich noch viel zu gut an das »ungezogene« blinde Kind, das sie selber vor nicht allzu langer Zeit gewesen war. Sie verlangte Gehorsam, aber keine Unterwerfung.

Helen kämpfte so hemmungslos, dass sie Annie wenige Tage nach ihrer Ankunft einen Zahn ausschlug.

Annie war wütend. Helen wusste es noch nicht, aber sie war endlich angekommen. Sie lief nicht mehr ins Leere mit ihrer Wut. Die Familie saß beim Frühstück, Mr. und Mrs. Keller, James und Simpson und Annie.

Annie hatte vermutlich Hunger und konnte kaum essen. Es war ein Schneidezahn, den Helen ihr am Tag zuvor ausgeschlagen hatte.

Helen geht um den Tisch herum und grabscht sich mit den Fingern von den Tellern, was ihr gefällt. So macht sie es immer, und die Familie erduldet es, weil sie den sonst unvermeidlichen Auftritt fürchtet. Auch auf den herumgereichten Platten wühlt Helen mit den Fingern herum, ohne dass irgendjemand Einspruch erhebt.

Als sie zu Annie kommt und auf ihrem Teller herumzutasten beginnt, wehrt Annie ihre Hand ab. Sie stutzt und streckt die Hand sofort wieder aus, nun erst recht. Annie schiebt die Hand energisch weg, plötzlich entschlossen, alles zu riskieren, die Stellung bei den Kellers, die fünfundzwanzig Dollar im Monat.

Es kommt, was kommen musste: Helen fängt an zu toben. Die Familie verlässt das Esszimmer, vermutlich hat Annie darum gebeten. Annie geht zur Tür und schließt ab. Dann setzt sie sich wieder hin und zwingt sich weiterzuessen.

Helen wirft sich mit schaurigem Gebrüll auf den Boden, schlägt um sich, tritt um sich und versucht, Annie den Stuhl wegzuziehen. Annie hält den Stuhl fest und bleibt darauf sitzen. Schließlich steht Helen auf und tastet um sich. Offenbar will sie wissen, was Annie macht.

»Ich zeigte ihr«, schreibt Annie an Sophia Hopkins,

»dass ich aß, ließ sie aber nicht in meinen Teller fassen. Sie kniff mich, und ich ohrfeigte sie jedes Mal, wenn sie mich kniff. Dann ging sie um den Tisch herum und war ganz erstaunt, als sie außer mir niemanden fand. Nach ein paar Minuten kam sie zu ihrem Platz zurück und fing an, mit den Fingern zu essen. Ich gab ihr einen Löffel, den sie auf den Boden warf. Ich zerrte sie von ihrem Stuhl und zwang sie, ihn aufzuheben. Schließlich setzte ich sie wieder hin, drückte ihr den Löffel in die Hand und zwang sie, damit zu essen. Nach einer Weile fügte sie sich und aß ruhig auf. Dann hatten wir eine weitere Balgerei, weil sie ihre Serviette nicht zusammenfalten wollte. Sie warf sie auf den Boden, nachdem sie aufgegessen hatte, und lief zur Tür. Als sie merkte, dass abgeschlossen war, fing sie wieder an, um sich zu treten und zu schreien. Es dauerte eine Stunde, bis die Serviette zusammengefaltet war. Dann ließ ich sie in den warmen Sonnenschein hinaus und ging in mein Zimmer hinauf und warf mich erschöpft aufs Bett.«

Es ist erst etwa eine Woche her, dass Anne Sullivan in Boston in den Zug gestiegen ist, nachdem sie sich ein halbes Jahr auf die Arbeit mit Helen vorbereitet hat, und nun schreibt sie an Sophia Hopkins: »So ist es. Wir studieren, planen und bereiten uns auf eine Aufgabe vor, und wenn die Zeit zu handeln gekommen ist, müssen wir feststellen, dass das System, nach dem wir uns so eifrig gerichtet haben, der Situation nicht angemessen ist; dann bleibt uns nichts anderes übrig, als uns auf etwas in uns zu verlassen, irgendeine angeborene Fähigkeit, zu wissen und zu handeln, von der wir nicht wussten, dass wir sie haben, bis sie sich zeigte, weil wir sie dringend brauchten.«

Man kann sich vorstellen, dass Helens Eltern und ihre Brüder und selbst die Dienerschaft die schaurigen Schreie des taubstummen Kindes im Esszimmer mit gemischten Gefühlen gehört hatten. Nachdem Annie sich in ihrem Zimmer ausgeweint hatte, hatte sie eine Aussprache mit Mrs. Keller, in deren Verlauf sie ihr erklärte, dass Helen nie etwas lernen würde, wenn ihr nicht deutliche Grenzen gesetzt würden. Zu Hause sei das kaum mehr möglich. Am besten wäre es, wenn sie eine Zeit lang allein mit ihr sein könnte.

Kate Keller versprach, mit ihrem Mann zu reden.

Eine Woche nach ihrer Ankunft bezog Anne Sullivan mit Helen und einem kleinen Negerjungen, der Botengänge und Feuer machen sollte, ein Gartenhäuschen in der Nähe von Ivy Green, dem Stammhaus der Familie Keller.

Die Eltern machten eine Kutschfahrt mit Helen und brachten sie dann in das Häuschen, in dem die Einrichtung verändert worden war, damit das Kind nicht merkte, wo es sich befand. Es war das Häuschen, in dem Helen ihre ersten Lebensjahre verbracht hatte. Ihr Vater hatte es nach dem Bürgerkrieg bauen lassen und war nach der Heirat mit Kate Keller dort eingezogen.

»Zuerst war sie sehr aufgeregt, trat um sich und schrie bis zum Stumpfsinn; aber als das Abendessen gebracht wurde, aß sie mit Appetit und ihre Stimmung schien sich zu bessern, auch wenn sie sich nicht von mir anfassen ließ. Sie beschäftigte sich mit ihren Puppen, und als es Zeit zum Insbettgehen war, zog sie sich ganz ruhig aus, aber als sie merkte, dass ich mich neben sie legte, sprang sie auf und ließ sich durch nichts dazu bewegen, wieder ins Bett zu kommen. Aber ich hatte Angst, sie könnte sich erkälten, und bestand darauf, dass sie sich ins Bett legt. Ich kann Ihnen sagen, wir hatten einen regelrechten Ringkampf, der fast zwei Stunden gedauert hat. Ich habe noch nie ein Kind gesehen, das so viel Kraft und Ausdauer hat. Aber zum Glück für uns beide bin ich ein bisschen stärker und genauso eigensinnig, wenn es darauf ankommt. Schließlich gelang es mir, sie ins Bett zu legen und zuzudecken, und sie lag zusammengerollt am äußersten Bettrand.

Am nächsten Morgen war sie ganz fügsam, hatte aber offensichtlich Heimweh. Sie ging immer wieder zur Tür, als ob sie auf jemanden warte, und berührte ab und zu ihre Wange – ihr Zeichen für ihre Mutter – und schüttelte traurig den Kopf. Sie spielte mehr als sonst mit ihren Puppen und wollte nichts mit mir zu tun haben.«

Am nächsten oder übernächsten Morgen schaute

Helens Vater durchs Fenster und sah das Kind im Nachthemd auf dem Boden sitzen, ein Bild des Jammers. Helen war schlecht gelaunt aufgewacht, hatte sich nicht anziehen wollen und die Kleidungsstücke, die Annie ihr reichte, auf den Boden geworfen. Annie hatte ihr deutlich gemacht, dass sie erst Frühstück bekommen würde, wenn sie sich angezogen hätte. Um zehn Uhr saß sie immer noch auf dem Boden. Ihr Vater tauchte bei seiner Cousine Leila auf und erklärte ihr, er sei drauf und dran, das Yankee-Mädchen nach Boston zurückzuschicken.

Wäre Arthur Keller von seiner Cousine bestärkt worden, hätte es *die* Helen Keller, die wir kennen, wahrscheinlich nie gegeben; das Kind hätte nie die Möglichkeit gehabt, sich zu der anmutigen jungen Frau zu entwickeln, wieder und wieder fotografiert, in selbstbewusster Haltung und mit einem Lächeln im Gesicht, das dem der Mona Lisa ähnlich ist. Ohne den Halt, den Anne Sullivan ihr gab, indem sie ihr Grenzen setzte, wäre Helen Keller bis ans Ende ihrer Tage in sich eingeschlossen geblieben.

Arthur Kellers Cousine redete ihm zu, noch abzuwarten. Annie und Helen blieben im Gartenhaus. Helen lernte, dass es Ja und Nein gibt, das eine durch Nicken, das andere durch Kopfschütteln repräsentiert, »handfeste Tatsachen wie Wärme und Kälte oder der Unterschied zwischen Schmerz und Wohlbefinden«. Helen muss gespürt haben, dass Annie nicht ihre Feindin war und sie nicht brechen wollte, vielleicht auch, dass sie einander ebenbürtig waren, zwei Menschen mit viel Kraft, nicht bereit aufzugeben, widerspenstig, eigensinnig und aufsässig.

Nach zehn Tagen allein mit Helen und dem kleinen Negerjungen Percy schreibt Anne Sullivan an Sophia Hopkins:

»Mein Herz jauchzt vor Freude. Ein Wunder ist geschehen! … Das kleine wilde Geschöpf von vor vierzehn Tagen hat sich in ein sanftes Kind verwandelt. Sie sitzt neben mir, während ich schreibe, und häkelt mit heiterem und glücklichem Gesicht an einer langen Schnur aus roter Schafwolle … Sie lässt sich jetzt von mir küssen, und wenn sie besonders sanftmütig gestimmt ist, sitzt sie ein oder zwei Minuten lang auf meinem Schoß; aber sie erwidert meine Zärtlichkeiten nicht. Der große Schritt – der Schritt, auf den es ankommt – ist getan. Die kleine Wilde hat ihre erste Lektion in Gehorsam gelernt und sie scheint das Joch nicht ungern zu tragen. Jetzt bleibt mir die angenehme Aufgabe, der herrlichen Intelligenz, die sich in der Kinderseele zu regen beginnt, Richtung und Form zu geben.«

Helens Vater schaute zweimal am Tag vorbei, morgens auf dem Weg ins Büro, und abends, wenn er nach Hause ging. Einmal brachte er Belle mit, eine Setterhündin, mit der Helen gern gespielt hatte. »Helen badete gerade ihre Puppe und bemerkte den Hund zunächst nicht. Gewöhnlich spürt sie jeden noch so leisen Schritt und streckt die Arme aus, um festzustellen, ob jemand in ihrer Nähe ist. Belle schien keinen Wert darauf zu legen, von ihr bemerkt zu werden. Ich nehme an, ihre kleine Herrin ist zuweilen ziemlich grob mit ihr umgegangen. Aber der Hund war kaum mehr als eine halbe Minute im Zimmer, als Helen zu schnüffeln begann, die Puppe in die Waschschüssel fallen ließ und sich durch das Zimmer tastete. Sie stieß auf Belle, die in der Nähe des Fensters kauerte, an dem Captain Keller stand. Offensichtlich erkannte sie den Hund, denn sie umarmte ihn und drückte ihn an sich. Dann setzte Helen sich neben ihn und machte etwas mit seinen Pfoten. Wir konnten uns erst nicht erklären, was, aber als wir sahen, dass sie die Buchstaben für *d-o-l-l* mit ihren eigenen Fingern bildete, wussten wir, dass sie versuchte, Belle das Buchstabieren beizubringen.«

Als Anne Sullivan zu den Kellers kam, hatte Helen etwa sechzig Zeichen entwickelt. Sie legte die Faust in die flache Hand, wenn sie Perlhuhneier suchen wollte, machte die Bewegung des Schneidens und Butterstreichens, wenn sie Brot wollte, und nuckelte an ihrem Daumen, wenn sie ihre kleine Schwester meinte. Nun kamen andere Zeichen hinzu, die Zeichen des Fingeralphabets, die sich zu Worten fügten, von deren Existenz Helen noch nichts wusste. Sie ahmte einfach die Fingerbewegungen nach, die sie in ihrer Hand gespürt hatte, und lernte, dass diese ganz bestimmten Bewegungen in dieser Reihenfolge *Nadel* bedeuteten oder *Schlüssel* oder *Hut*.

Manchmal unterrichtete Annie sie zusammen mit Percy, dem kleinen Negerjungen, um ihren Ehrgeiz anzustacheln. Aber Helen lernte sowieso leicht und schnell, auch wenn sie ihre Finger zunächst, wie sie später schrieb, »in affenartiger Nachahmung« bewegte. Noch hatte sie nicht entdeckt, dass jedes Ding seinen Namen hat, alles, was greifbar ist, und auch das, was nicht greifbar ist, aber sie fing schon an, nach Bezeichnungen zu fragen. Die ersten beiden Zeichen, die sie von sich aus wissen wollte, waren die für *Auge* und *Finger.* Wenn sie die Bezeichnung für etwas wissen wollte, deutete sie darauf und streichelte Annies Hand. Sie war kurz davor, die schwankende Brücke zu betreten, die sie mit anderen Menschen verbinden würde.

Sie wurde ruhiger. Sie aß weniger. Ihr Vater glaubte, sie habe Heimweh, und bestand darauf, dass sie nach Hause zurückkam. Annie, die gern noch eine Weile allein mit ihr geblieben wäre, musste sich fügen, schrieb jedoch nach ihrer Rückkehr an Sophia Hopkins, sie habe die zwei Wochen im Gartenhaus gut genutzt und fange jetzt an, der Familie das Fingeralphabet beizubringen.

Wieder zu Hause, schlief Helen weiter in Annies Zimmer und wurde weiter von Annie allein betreut.

Annie fürchtete die Nachgiebigkeit des Kindermädchens und wollte jede Gelegenheit nutzen, Helen zu unterrichten. Drinnen und draußen. Helen lernte die Bezeichnungen für *Milch, Mutter* und *Baby*. Und die ersten Verben – *sitzen, stehen, gehen.*

Sie waren viel draußen. Es grünte und blühte. Helen spürte das, sie roch die Düfte und ertastete Blüten und Knospen. Sie pflanzte ihre Puppe in die Erde und erklärte Annie durch Zeichen, dass die Puppe wachsen und bald so groß sein werde wie sie.

Das junge Mädchen und das Kind waren von morgens bis abends zusammen. Sie besuchten die Pferde und Maultiere in ihren Ställen, fütterten die Puten auf dem Hof, spielten mit Captain Kellers Jagdhunden und besuchten Helens Tante in Ivy Green oder ihre Verwandten im Ort. Tuscumbia war damals ein Städtchen mit etwa dreitausend Einwohnern, die zur Hälfte weiß und zur Hälfte schwarz waren.

Zu den Schwarzen gehörte Anne Sullivan nicht, aber sie gehörte auch nicht zu den Weißen: Sie war das Yankee-Mädchen, eine Weiße, die sich für die Schwarzen herumstritt, leidenschaftlich empört über die Ungerechtigkeit, die die einen zu Herren und die andern zu Sklaven machte. Die Sklaverei war abgeschafft, doch waren es noch immer nur die schwarzen Hände, die jeden Morgen und jeden Abend die Euter der sich auf dem Hof drängenden Kühe strichen, schwarze Hände, die das Kaminholz hackten, die Pferde, Maultiere und

Schweine versorgten, schwarze Hände, die Feuer machten, Essen kochten, Obst, Marmelade und Gurken einweckten, Butter schlugen und Schinken räucherten.

In der Küche waren nur die Hände von Helens Mutter weiß. Kate Keller stammte aus einer, wie es hieß, berühmten neuenglischen Familie, war aber im Süden, in Memphis, Tennessee, geboren und aufgewachsen und konnte Anne Sullivans Empörung nicht teilen. Sie war freundlich zu den Schwarzen und erwartete einfach nur wie alle anderen, dass sie »auf ihrem Platz blieben«.

Anne Sullivan stand allein: das Yankee-Mädchen. Sie war es gewöhnt. Außenseiterin in der Familie. Außenseiterin im Perkins-Institut. Und jetzt das Yankee-Mädchen in Alabama. Sie hatte schnell gemerkt, dass die Nordstaaten hier noch immer verhasst waren. Captain Keller und seine Freunde, die er abends zum Essen mitbrachte, waren alle im Krieg gewesen, für den heimatlichen Süden, gegen die »Yankees«. Der Bürgerkrieg hatte vier Jahre gedauert und war mit großer Grausamkeit geführt worden.

Dieser Krieg hatte in Anne Sullivans Leben bisher keine Rolle gespielt. Er hatte einige Jahre vor ihrer Geburt damit begonnen, dass der Sklavereigegner Abraham Lincoln zum Präsidenten der Vereinigten Staaten gewählt worden war. Die Südstaaten, deren Wohlstand auf der Arbeit der Sklaven in den Plantagen beruhte, hatten die Abschaffung der Sklaverei nicht hinnehmen wollen, waren aus der Union ausgetreten und hatten sich zu den *Konföderierten Staaten von Amerika* zusammengeschlossen. Bei Anne Sullivans Geburt war es zwei Jahre her, dass die Konföderierten bedingungslos kapituliert hatten, und in ihrem Dorf und im Armenhaus war der Krieg im fernen Süden nicht von Bedeutung gewesen, man redete nicht darüber. Annie hatte erst als Schülerin im Perkins-Institut davon gehört. Aber davon wusste niemand in der Familie. Niemand wusste von der Armut, in der sie aufgewachsen war, dem Schmutz, dem Elend, der Unwissenheit. Wenn sie auch ihre Empörung nicht verschweigen konnte, so konnte sie ihre Herkunft sehr wohl verschweigen.

Selten verging ein Abendessen, ohne dass die Rede auf den Krieg kam. Helen hörte es nicht, wusste nichts davon und würde sich erst Jahre später öffentlich auf die Seite der Schwarzen stellen (und damit ihre gesamte Familie gegen sich aufbringen). Im Augenblick wusste sie noch nicht einmal, dass es Schwarze gab. Sie glaubte, alle Menschen seien gleich, nur sie sei anders. Die streitenden Stimmen hörte sie nicht, aber sie spürte die Spannung im Raum, spürte, dass Annie außer sich war, rettungslos verstrickt in etwas, das sie erst viel später verstand: das Gefühl, nicht schweigen zu *dürfen*, eintreten zu *müssen* für diejenigen, die nicht selber für sich eintreten können. »Annie hatte keinen inneren Raum, in den sie sich zurückziehen konnte.«

So saß sie mit ihrer versiegelten Erinnerung an das

Armenhaus am Tisch der Kellers und musste mit anhören, wie einer der Gentlemen verkündete, er würde lieber sterben als seine Töchter für ihren Lebensunterhalt arbeiten zu sehen. Es war, als wäre sie nicht da, als zählte sie nicht, bloß Helens bezahlte Gouvernante, der gegenüber die ritterlichen Südstaatler fast so wenig Ritterlichkeit walten lassen mussten wie gegenüber einem Negermädchen.

In Annies Augen waren sie nichts als arrogante Angeber, die dauernd mit irgendetwas prahlen mussten, und wenn es nur der Duft ihrer Pfirsiche oder die Größe ihrer Wassermelonen war.

Mehr als einmal fühlte Annie sich so grob behandelt, dass sie beschloss, ihre Koffer zu packen und zu verschwinden, egal wohin. Und dann brachte sie es doch nicht über sich, Helen zu verlassen, abgesehen davon, dass sie kein Wohin hatte. Jede wache Minute mit Helen beschäftigt, hatte sie auch keine Zeit, sich darüber zu kränken, dass sie niemals irgendwohin eingeladen wurde, nie teilnahm an irgendeinem Fest, bei dem junge Leute zusammenkamen. Sie war zwanzig Jahre alt und hübsch, aber nicht gefragt bei den jungen Männern des Südens, denen die süßen Dummchen lieber waren als ein streitbares Yankee-Mädchen, das sich nicht die Mühe machte, seine Intelligenz zu verbergen.

VII

Einen Monat nach Anne Sullivans Ankunft kannte Helen bereits mehr als zwanzig Worte, und auch wenn es sich später so darstellt, als sei ihr die Erkenntnis, dass es Sprache gibt, *in einem einzigen Augenblick* gekommen, deutet doch vieles in Anne Sullivans Briefen an Sophia Hopkins darauf hin, dass sie die Sprache nicht blitzartig entdeckt hat, sondern am Ende eines Prozesses, der mit der Morgendämmerung vergleichbar ist, wenn die Dinge nach und nach aus dem Dunkel auftauchen und Konturen gewinnen.

Annie hatte Helen schon seit einer Weile nicht nur die Worte beigebracht, die sie lernen sollte und nach denen sie selber fragte, sie hatte ihr auch den ganzen Tag über alles, was sie taten, in die Hand buchstabiert. So lernte Helen die Buchstaben des Alphabets als bestimmte, immer wiederkehrende Berührungen in ihrer Handfläche, und wenn sie auch *mug* (Becher) und *drink* (trinken) verwechselte, so dämmerte ihr doch schon etwas.

Dieses Etwas nahm am Morgen des 5. April 1887 Gestalt an.

Helen wäscht sich und will die Bezeichnung für *Wasser* wissen. Annie buchstabiert ihr *w-a-t-e-r* in die

Hand und denkt nicht mehr daran, bis ihr nach dem Frühstück einfällt, dass sie ihr mit Hilfe des neuen Worts den Unterschied zwischen *Becher* und *trinken* klarmachen kann:

»Wir gingen zum Brunnenhäuschen, wo ich Helen den Becher unter das Rohr halten ließ, während ich pumpte. Als das kalte Wasser herausschoss und den Becher füllte, buchstabierte ich ihr *w-a-t-e-r* in die freie Hand. Das Wort, das so unmittelbar auf die Empfindung des kalten, über ihre Hand strömenden Wassers folgte, schien sie aufzuschrecken. Sie ließ den Becher fallen und stand wie gebannt. Ihr Gesicht leuchtete auf. Sie buchstabierte mehrere Male hintereinander *water.* Dann hockte sie sich auf den Boden und fragte, wie man den nennt und zeigte auf die Pumpe und das Spalier, und plötzlich drehte sie sich um und fragte nach meinem Namen. Ich buchstabierte *teacher* (Lehrerin). In diesem Augenblick brachte die Kinderfrau Helens kleine Schwester in das Brunnenhäuschen, und Helen buchstabierte *baby* und deutete auf die Kinderfrau. Als wir ins Haus zurückgingen, war sie ungeheuer aufgeregt und lernte die Bezeichnung von jedem Gegenstand, den sie berührte, so dass sie ihren Wortschatz innerhalb weniger Stunden um dreißig neue Worte bereichert hatte.«

Fünfzehn Jahre später schreibt Helen Keller ihr erstes Buch, *Die Geschichte meines Lebens*. Darin erzählt sie auch von jenem Augenblick in dem Brunnenhäuschen, das sie an dem Duft des ihn umrankenden Geißblattstrauchs erkannte:

»Mit einem Mal durchzuckte mich eine nebelhafte Erinnerung … und das Geheimnis der Sprache lag plötzlich offen vor mir. Ich wusste jetzt, dass ›Wasser‹ jenes wundervolle, kühle Etwas bedeutete, das über meine Hand strömte. Dieses lebendige Wort erweckte meine Seele zum Leben, spendete Licht, Hoffnung, Freude, befreite sie von ihren Fesseln … Ich verließ den Brunnen voller Lernbegier. Jedes Ding hatte einen Namen, und jeder Name weckte einen neuen Gedanken. Als wir ins Haus zurückkehrten, schien mir jeder Gegenstand von verhaltenem Leben zu zittern.«

Jahrzehnte später, in ihrem letzten Buch, *Teacher: meine Lehrerin Anne Sullivan Macy* kommt Helen Keller noch einmal auf jenen Augenblick im Brunnenhäuschen zurück, berichtet knapp und sachlich, was sich zugetragen hat, und fügt dann das Entscheidende hinzu: »Vom Brunnenhäuschen gingen zwei begeisterte Wesen davon, die sich gegenseitig ›Helen‹ und ›Teacher‹ nannten.«

Helen brauchte sich nicht mehr »zu verzehren, indem sie gegen die Mauern tobte, die sie einschlossen«. Die Tür ihres Gefängnisses hatte sich geöffnet. Sie konnte aus sich herausgehen, auf einen anderen Menschen zu, sich mitteilen, verstanden werden und selber verstehen.

»Mein Leben war ohne Vergangenheit und Zukunft

… Aber ein Wörtchen von den Fingern eines anderen Menschen traf auf meine Hand, füllte die Leere aus.«

An jenem Abend kuschelte sich Helen zum ersten Mal von sich aus an Annie und gab ihr einen Kuss. »Ich dachte«, schrieb Annie an Sophia Hopkins, »das Herz würde mir vor Freude zerspringen.«

Helen hat die Brücke betreten, die sie mit anderen Menschen verbindet: die Sprache. Zum ersten Mal in ihrem Leben hat sie ein Ziel und ihre Gedanken bekommen eine Richtung: Sie will die Namen der Dinge lernen. Die ersten Wörter, die sie begreift, erscheinen ihr »wie die ersten warmen Sonnenstrahlen, die den Schnee zu schmelzen beginnen«. Sie lernt, schreibt Annie, »weil sie nicht anders kann, genau wie der Vogel fliegen lernt«. Sie braucht den »verbindenden Hand-zu-Hand-Zauber«. Später wird sie sich daran erinnern, dass Anne Sullivans »Worte wie winzige Meteore über die Hand des Kindes glitten«. Sie hat ihren Platz gefunden, sie gehört dazu, ist ein Teil des Ganzen. Im Brunnenhäuschen ist »das Nichts verschwunden«.

Fünf Tage danach schreibt Annie an Sophia Hopkins: »Helen macht von Tag zu Tag, ja von Stunde zu Stunde Fortschritte. Alles muss jetzt einen Namen haben. Bei jedem Ausflug fragt sie begierig nach den Bezeichnungen, die sie zu Hause nicht gelernt hat … Sobald sie ein Wort kennt, gibt sie ihre Zeichen oder Pantomime dafür auf, und das Erlernen eines neuen

Worts macht ihr große Freude. Auch bemerken wir, dass ihre Züge von Tag zu Tag ausdrucksvoller werden.«

Am Anfang drückt Helen ganze Sätze durch einzelne Worte aus. »›Milch‹ mit einer Handbewegung bedeutet: ›Gib mir mehr Milch‹; ›Mutter‹, begleitet von einem fragenden Blick: ›Wo ist Mutter?‹; ›Gehen‹ bedeutet: ›Ich möchte ausgehen!‹. Buchstabiere ich ihr aber in die Hand: ›Gib mir etwas Brot‹, so reicht sie mir das Brot, und wenn ich ihr sage: ›Hol deinen Hut, wir wollen spazieren gehen‹, so gehorcht sie augenblicklich. Die beiden Worte ›Hut‹ und ›spazieren gehen‹ hätten dieselbe Wirkung; wird aber der ganze Satz mehrmals am Tag wiederholt, muss er sich mit der Zeit einprägen, und Helen wird ihn allmählich anwenden.«

Wieder einmal warf Anne Sullivan alle Pläne über den Haufen. Sie gab den regelmäßigen, methodischen Unterricht auf und beschloss, Helen in die Hand zu sprechen, wie man einem Baby in die Ohren spricht: in ganzen Sätzen.

Es war eine Cousine von Helen, ein fünfzehn Monate altes kleines Mädchen, das Anne Sullivan auf den Gedanken brachte, es anders zu machen als Laura Bridgmans Lehrer. Anne hatte beobachtet, dass das kleine Mädchen zwar selber noch nicht sprechen konnte, aber schon verstand, was man zu ihm sagte. (Helen war vier Monate älter gewesen, als sie durch die Krankheit blind und taub wurde, und muss schon einen beträchtlichen passiven Wortschatz gehabt haben. Auch hatte sie bereits angefangen zu sprechen, unter anderem konnte sie *Wasser* sagen, so dass ihre Entdeckung der Sprache eigentlich eine Wiederentdeckung war.)

Annie, die nie eine Fremdsprache gelernt hatte und wahrscheinlich nicht wusste, dass auch Erwachsene, wenn sie eine neue Sprache lernen, mehr verstehen als sprechen können, hatte das kleine Mädchen beobachtet und gesehen, dass es das, was man zu ihm sagte, aufnahm und darauf reagierte, auch wenn es von einem ganzen Satz vielleicht nur ein Wort verstand – es reimte sich den Rest zusammen und lernte mit der Zeit alle möglichen Worte dazu. So lernte auch Helen Keller im Gegensatz zu Laura Bridgman im *Zusammenhang* und *aus dem Zusammenhang heraus* und konnte sich auch Worte aneignen, die fast unmöglich zu erklären sind.

»Helen hat beinahe so unbewusst sprechen gelernt wie ein normales Kind … Wenn ich zurückblicke, scheint mir, dass Helen immer auf dem Sprung war, wenn ich sie unterrichtete. Wir waren im Allgemeinen draußen und taten irgendetwas. Sie lernte die Worte, wie sie sie brauchte. Sie vergaß selten ein Wort, das sie gelernt hatte, wenn die Handlung danach verlangte. Und sie lernte eine Redewendung oder sogar einen Satz so bereitwillig wie ein einzelnes Wort, wenn es darum ging, die jeweilige Handlung zu beschreiben.«

Anne Sullivan merkte, dass Helen tatsächlich schneller lernte, seitdem sie sie nicht mehr schulmäßig unterrichtete, und ging noch einen Schritt weiter: Sie hörte auf, sie zu prüfen. »Ich bin überzeugt, dass die Zeit, die ein Lehrer darauf verwendet, sich zu vergewissern, ob das Kind seine Lektion behalten hat, so gut wie verschwendet ist. Meines Erachtens ist es viel besser, anzunehmen, dass das Kind tut, was in seinen Kräften steht, und die ausgestreute Saat zur rechten Zeit Früchte tragen wird.«

Anne Sullivan hat sich ein Leben lang für ihre Bildungslücken geschämt und ihre mangelhafte Ausbildung beklagt; und doch war es vermutlich gerade diese in kein theoretisches System gepresste, durch keine Theorie verstellte Sichtweise, die es ihr ermöglichte, ihre eigenen Ideen zu entwickeln und umzusetzen. Sie hat Helen für heutige Vorstellungen rabiat bestraft, hat sie in die Ecke gestellt, ins Bett gesteckt oder kein Wort mit ihr »geredet«, aber sie hat sich ihr auch mit ihrer ganzen Person zugewandt und ihr rückhaltlos alles gegeben, was sie zu geben hatte. Einen Monat nach der Episode im Brunnenhäuschen schreibt sie an Sophia Hopkins:

»Ich beginne allen ausgeklügelten pädagogischen Systemen zu misstrauen. Sie scheinen mir auf der Voraussetzung aufgebaut zu sein, dass jedes Kind so etwas wie ein Idiot ist und im Denken unterwiesen werden muss, während es, wenn es sich selbst überlassen bleibt, mehr und besser denken wird … Lasst es kommen und gehen, wie es will, lasst es wirkliche Dinge anfassen und sich selber einen Reim darauf machen, anstatt dass es im Zimmer an einem runden Tischchen sitzt und eine Lehrerin ihm zuflötet, ob es nicht eine Steinmauer aus seinen Holzklötzchen bauen wolle … Ein solcher Unterricht stopft den Kopf mit künstlichen Assoziationen voll, die das Kind erst wieder loswerden muss, wenn es sich ein eigenes Bild von der Welt machen will.«

Dies die erwachsene Annie, die sich Gedanken über ihre Arbeit machte, aber da war auch noch das Kind in ihr, das seine Abende im Hause Keller, in dem man sehr früh zu Bett ging, damit verbrachte, eine von Helens Puppen in den Arm zu nehmen und ihr etwas vorzusummen. Ihrer Biographin gestand sie später, sie habe ihr Leben lang mit Puppen gespielt.

Sie war vierzehn Jahre älter als Helen, sie war »Teacher«, ihre Lehrerin und Befreierin, aber sie war auch noch ein Kind, dem es Spaß machte, mit Helen auf Bäume zu klettern. In gewisser Weise waren sie und Helen Kinder, die miteinander aufwuchsen. »Während sie mit Helen herumtollte, fühlte sich Teacher selbst ins Märchenland versetzt, wo ihr die Gabe des schöpferischen Spielens, das sie in ihrer eigenen Kindheit nicht gekannt hatte, zuteil wurde.«

Nachdem Helen die Sprache entdeckt oder wiederentdeckt hatte, wurde Annie mehr und mehr zu einem Teil von ihr, ihrem Ohr, ihrem Auge. Sie begann für zwei zu sehen. Sie sah für Helen mit und sie schrieb an Sophia Hopkins: »Ich habe das Gefühl, dass ich erst jetzt richtig zu sehen anfange.«

Sie sah mit den Augen der Haftentlassenen, die alles, woran die anderen schon so gewöhnt sind, dass sie es kaum mehr bemerken, mit Staunen wahrnimmt.

Gemeinsam entdeckten Annie und Helen die Welt, eine Welt, in der alles neu war. Annie schaute hin wie zum ersten Mal und buchstabierte Helen in die Hand, was sie sah.

Sie fing Schmetterlinge, damit Helen sie in die Hand nehmen und das Flattern der Flügel spüren, *begreifen* konnte, was Flügel sind und was »fliegen« heißt.

Sie gab ihr ein Ei in die Hand, aus dem sich gerade ein Küken herauspickte. »Ihr Erstaunen, als sie das winzige Wesen darin fühlte, lässt sich nicht mit Worten beschreiben.« So lernte sie, wie Küken und Eierschalen sich anfühlen und wie sie heißen, und als Annie bald darauf ein laut quickendes Ferkel festhielt, damit Helen es betasten konnte, fragte Helen: »Ist Baby-Schwein in Ei gewachsen? Wo sind viele Eierschalen?«

Es war Frühling, der erste Frühling, in dem Helen dabei sein, Anteil nehmen konnte. Annie schrieb gerade an Sophia Hopkins, als sie aufgeregt die Treppe heraufgestürzt kam. »Ich konnte mir zuerst nicht erklären, was geschehen war. Sie buchstabierte immer wieder ›dog – baby‹, zeigte dann der Reihe nach auf ihre Finger und saugte an ihnen. Mein erster Gedanke war, einer der

Hunde habe Mildred verletzt, aber Helens strahlendes Gesicht beruhigte mich. Es half nichts, ich musste mit ihr hinunter. Sie führte mich in einen Schuppen, und hier in einer Ecke lag eine von den Setterhündinnen mit fünf niedlichen Jungen! Ich lehrte Helen das Wort ›puppy‹ (Welpe), ließ sie die Hündchen betasten, während sie saugten, und buchstabierte ›puppies‹. Sie interessierte sich sehr für das Säugen und buchstabierte mehrmals die Worte ›mother-dog‹ und ›baby‹. Helen merkte, dass die Augen der Hündchen geschlossen waren, und buchstabierte: ›Eyes – shut. Sleep – no‹, womit sie sagen wollte: Die Augen sind zwar geschlossen, aber die Hündchen schlafen nicht. Sie deutete der Reihe nach auf jedes Hündchen und dann auf ihre fünf Finger, und ich lehrte sie das Wort ›fünf‹. Dann hielt sie einen Finger in die Höhe und sagte: ›Baby‹. Ich begriff, dass sie Mildred meinte, und buchstabierte: ›One baby and five puppies‹. Dann bemerkte sie, dass eines der Hündchen kleiner war als die anderen, und buchstabierte ›small‹; ich buchstabierte ›very small‹. Sie begriff sofort, dass ›very‹ die Bezeichnung für das Neue war, das ihr im Kopf herumspukte, denn auf dem Rückweg nach Hause gebrauchte sie das Wort ganz richtig. Ein Stein war ›small‹, ein anderer ›very small‹. Als sie ihre kleine Schwester anfasste, sagte sie: ›Baby – small. Puppy – very small.‹«

Es war ein Abenteuer, das sie gemeinsam erlebten, Helen als Entdeckerin, Annie als ihre Führerin bei der

Entdeckung der Sprache. »Jedes neue Wort, das Helen lernt, scheint das Bedürfnis nach vielen anderen zu wecken.«

Helen konnte nicht genug bekommen, verlangte »mehr Worte – viel Worte«. In ihrem letzten Buch, *Teacher*, erinnert sie sich dieses Worthungers, der sie damals gepackt hatte, und daran, wie ihre Lehrerin ihn stillte, weshalb sie sich zu ihr hingezogen fühlte, »genau wie ein Säugling die Brust der Mutter sucht, um seine Milch zu bekommen«.

Das Lernen ist ihr Lust und Erfüllung wie ihrer Lehrerin das Lehren. Begeistert von ihrer Schülerin, findet Anne Sullivan ihre Aufgabe »jeden Tag interessanter«. »Helen ist ein wunderbares Kind, so spontan und lernbegierig. Sie kennt jetzt etwa dreihundert Worte und viele Redensarten. Es ist ein seltsames Glück, das Erwachen, das Wachsen und die ersten schwachen Betätigungen eines lebendigen Geistes zu beobachten.«

Anders als Laura Bridgmans Lehrer beobachtet Anne Sullivan nicht mit Papier und Bleistift, nicht als Außenstehende, sondern als Begleiterin, die mitgeht, sich einfühlt, sich bietende Gelegenheiten nutzt: Helen reiht verschieden große Perlen in einer bestimmten Reihenfolge auf. Sie merkt, dass sie etwas falsch gemacht hat, und konzentriert sich darauf, herauszubekommen, wie sie die Perlen richtig hätte aneinander reihen müssen. »Miss Sullivan berührte meine Stirn und buchstabierte mit großem Nachdruck: *denken*. Ich begriff sofort, dass das Wort die Bezeichnung für den Vorgang war, der sich in meinem Kopf abspielte. Es war meine erste bewusste Vorstellung eines abstrakten Begriffs.«

Für alles lässt Annie sich etwas einfallen. *Licht* und *Lachen* und *Liebe* und *Dunkelheit*, alles, was sich nicht durch die unmittelbare Berührung erklärt, muss Helen auf andere Weise verdeutlicht werden. Schon zeichnet sich ab, dass Helen es weiter bringen wird, als Laura Bridgman je gekommen ist, und doch ist Annie voller Selbstzweifel: »Wenn ich mich für diese Aufgabe nur besser eignete … Wenn ich nur jemanden hätte, der mir helfen könnte! Ich brauche einen Lehrer, genau wie Helen. Ich weiß, dass die Erziehung dieses Kindes das Hauptereignis meines Lebens sein wird, wenn ich die Kraft und die Ausdauer habe, sie zu vollenden.«

VIII

Mitte Mai, zweieinhalb Monate nach ihrer Ankunft, klettert Annie mit Helen auf einen Baum in der Nähe des Hauses und bringt ihr zwischen Ästen und Zweigen das schriftliche Alphabet bei. Das Lehrmaterial, das sie aus Boston mitgebracht hat, ist nicht in Braille, der aus sechs Punkten bestehenden Blindenschrift, verfasst, sondern in dem von Samuel Howe erfundenen Boston Line Type, den auf Pappstreifen geprägten Buchstaben des regulären Alphabets.

Annie buchstabiert Helen das A in die eine Hand und lässt sie mit der andern das geprägte A abtasten. Helen versteht den Zusammenhang sofort und lernt alle Buchstaben des Alphabets an einem einzigen Tag.

Laura Bridgman hat erst ein Jahr nach ihrer Entdeckung der Sprache lesen gelernt. Für Helen wird das Lesen bald so lebensnotwendig wie das Atmen. Sie nimmt ihre Fibel mit ins Bett und lässt sich am Morgen, als Annie sie mit dem Buch im Arm erwischt, eine Ausrede einfallen. »Buch weint.« Und weil sie das Wort »Angst« noch nicht kennt, zittert sie und stellt »Angst« dar. Annie versteht und bringt ihr das Wort bei. Helen setzt es sofort ein, um sich weiter zu rechtfertigen. »Helen keine Angst. Buch Angst. Buch bei Mädchen schlafen.«

Bücher werden in Helen Kellers Leben bald so wichtig wie Fenster für ein Haus. Sie kann nicht schnell genug lesen lernen. Kann nicht mehr schlafen, mag nicht essen, ist völlig überdreht.

Die Eltern lassen den Arzt kommen. Der Arzt erklärt, sie sei überanstrengt, rät zur Schonung. Aber Helen kann sich nicht schonen. Sie beginnt zu buchstabieren, sobald sie aufsteht, und hört erst auf, wenn sie ins Bett muss. Will Annie einmal nicht mit ihr »sprechen«, so buchstabiert sie sich in die eigene Hand wie Menschen, die mit sich selber reden. Annie versucht, ihr das abzugewöhnen, und doch wird sie (wie Laura Bridgman) bis ins hohe Alter Selbstgespräche führen, besonders wenn sie aufgeregt ist oder im Schlaf.

Sie muss »reden«, sich mitteilen. Drei Monate nach Anne Sullivans Ankunft schreibt sie ihren ersten »Brief«. »Ich gab ihr meinen Braillegriffel, weil ich dachte, das mechanische Einstechen von Löchern in das Papier würde sie zerstreuen und ihren Geist beruhigen. Wie groß war aber mein Erstaunen, als ich sah, dass die kleine Hexe Briefe schreibt! Ich hatte keine Ahnung, dass sie wusste, was ein Brief ist. Sie ist mehrmals mit mir zur Post gegangen, wenn ich Briefe hinbrachte, und ich glaube, ich habe ihr manchmal erzählt, was ich an Sie geschrieben habe. Auch wusste sie, dass ich ab und zu ›Briefe an blinde Mädchen‹ mit dem Braillegriffel schreibe, aber ich hätte nicht gedacht, dass sie eine klare Vorstellung davon hat, was ein Brief ist. Eines Tages brachte sie mir einen Bogen, den sie über und über mit Löchern bedeckt hatte, wollte ihn in einen Umschlag stecken und zur Post tragen. Sie sagte: ›Frank – Brief.‹ Ich fragte sie, was sie denn an Frank geschrieben habe. Sie antwortete. ›Viel Worte. Welpe Mutter Hund – fünf. Baby – weinen. Heiß. Helen geht – nicht. Sonnenfeuer – bös. Frank – komm. Helen – küsst Frank. Erdbeeren – sehr gut.‹«

Schreiben lernt Helen zunächst in Quadratschrift, die der Druckschrift ähnelt und mit Bleistift auf eine Schreibtafel mit eingeritzten Linien geschrieben wird.

Annie legt einen Finger des Kindes auf ein erhaben geprägtes A, buchstabiert ihr das A in die Hand und lenkt dann ihre Hand zu der Schreibtafel, gibt ihr den Bleistift und bedeutet ihr, sie solle den Buchstaben, den sie gefühlt hat, zwischen die eingeritzten Linien schreiben.

Ein paar Tage später bringt Helen ihrer Mutter den ersten selbst geschriebenen Satz. Kate Keller weint. Das Kind merkt es und fragt: »Helen böse? Mutter weint.«

Und noch ein paar Tage später, dreieinhalb Monate nach Anne Sullivans Ankunft, schreibt Helen ihren ersten Brief. Es ist der erste von Tausenden und Abertausenden von Briefen, die sie im Laufe ihres Lebens schreiben wird, und er ist an ihre Cousine Anna gerichtet.

Tuscumbia, Alabama, 17. Juni 1887

helen schreibt anna george gibt helen apfel simpson schießt vogel jack gibt helen zuckerstängel doktor gibt mildred medizin mutter macht mildred neues kleid

(ohne Unterschrift)

Bald schon entwickelt Helen eine Leidenschaft fürs Briefeschreiben, und wenn sie selber einen Brief bekommt, lässt sie sich beglückt von Annie »vorlesen«, was darin steht. Jetzt kann sie auch mit den weiter weg lebenden Verwandten in Verbindung treten. Ihr Onkel James schreibt ihr aus Hot Springs und lädt sie ein, ihn dort zu besuchen. Was Quellen sind, weiß sie, in und um Tuscumbia gibt es mehrere Quellen, deren Wasser sie aus der Erde kommen gefühlt hat, aber von *heißen* Quellen hat sie noch nie gehört. Sie fragt Annie, wer denn Feuer gemacht hat unter der Erde, ob dieses Feuer so sei wie in den Öfen und ob es nicht die Wurzeln von Bäumen und Pflanzen verbrenne. Annie antwortet ihr, so gut sie kann, und ist froh, als sie nicht weiter nachfragt, weil sie den Brief ihrer Mutter zeigen will. Annie sieht zu, wie sie sich vor ihrer Mutter aufbaut und nachahmt, wie sie ihr den Brief »vorgelesen« hat, das Papier dicht vor den Augen, die Finger Wort für Wort buchstabierend. Später beobachten Kate Keller und

Annie von der Tür aus, wie Helen versucht, den Brief Mildred vorzulesen.

»Belle war schläfrig und Mildred unaufmerksam. Helen sah sehr ernst aus und zog ein paar Mal, wenn Mildred versuchte, ihr den Brief wegzunehmen, die Hand ungeduldig zurück. Schließlich stand Belle auf, schüttelte sich und wollte weggehen, aber Helen packte sie im Nacken und zwang sie, sich wieder hinzulegen. Inzwischen hatte Mildred den Brief ergriffen und kroch mit ihm davon. Helen tastete den Fußboden ab; als sie den Brief nicht fand, hatte sie offenbar Mildred im Verdacht, denn sie stieß den leisen Ton aus, mit dem sie ihr Schwesterchen zu rufen pflegt. Dann erhob sie sich und stand eine Weile still, als lausche sie mit den Füßen auf Mildreds ›tapp, tapp‹. Nachdem sie gemerkt hatte, aus welcher Richtung das Geräusch kam, eilte sie auf die kleine Übeltäterin zu und musste feststellen, dass sie auf dem kostbaren Brief herumkaute! Das war zu viel für Helen. Sie riss ihr den Brief weg und schlug ihr auf die Händchen, dass es nur so klatschte. Mrs. Keller nahm das Kind auf den Arm, und nachdem sie es beruhigt hatte, fragte ich Helen: ›Was hast du Baby getan?‹ Sie sah ganz verlegen aus und zögerte einen Augenblick mit der Antwort. Dann sagte sie: ›Böses Mädchen hat Brief gegessen. Helen hat sehr böses Mädchen gehauen.‹ Ich erwiderte, Mildred sei noch sehr klein und wisse nicht, dass es Unrecht sei, den Brief in den Mund zu nehmen.

›Ich habe Baby Nein gesagt, viele Male‹, war Helens Antwort.

Ich sagte: ›Mildred versteht deine Finger nicht, und wir müssen sehr lieb zu ihr sein.‹

Sie schüttelte den Kopf. ›Baby – denkt nicht. Helen gibt Baby schönen Brief‹, und sie lief die Treppe hinauf und kam mit einem sauber gefalteten Braillebogen zurück, auf den sie ein paar Worte geschrieben hatte. Den gab sie Mildred und erklärte dazu: ›Baby kann alle Worte essen.‹«

IX

Den Sommer verbrachten Annie und Helen im Freien. Helen bekam ein Pony und lernte reiten. Vermutlich hat auch Annie erst in Tuscumbia reiten gelernt. Später jedenfalls hatte sie eine Leidenschaft für Pferde und wilde Ritte. Sie hielt die Zügel, und Helen lernte, sich den Bewegungen des Pferdeleibes anzupassen. Den Duft des Pferdes in der Nase, die Sonne im Gesicht. »Je mehr ich mit den Dingen bekannt wurde … desto freudiger wurde das Bewusstsein der Verwandtschaft mit der übrigen Welt.«

Wenn Helen keine Lust hatte zu reiten, machten sie lange Spaziergänge, Hand in Hand zum Tennessee, wo sie sich in das warme Gras setzten und Annie Helen unterrichtete. »Wie winzige Meteore glitten ihre Worte über die Hand des Kindes.« Helen lernte, dass Sonne und Regen Bäume und Früchte wachsen lassen, wie die Vögel ihre Nester bauen und was die Tiere fressen. Aber sie machte auch ihre eigenen Erfahrungen mit der Natur.

»Eines Tages kehrten meine Lehrerin und ich von einem langen Spaziergang zurück. Der Morgen war schön gewesen, aber es war drückend heiß geworden, als wir uns endlich auf den Heimweg machten. Ein paar

Mal rasteten wir unter einem Baum am Wegrand. Unser letzter Halt war unter einem wilden Kirschbaum, der nicht weit weg vom Haus stand. Der Schatten war angenehm und der Baum so leicht zu erklettern, dass ich mir mit Hilfe meiner Lehrerin einen Sitz in den Zweigen suchte. Es war so kühl auf dem Baum, dass Miss Sullivan meinte, wir sollten hier zu Mittag essen. Ich versprach ihr, still sitzen zu bleiben, während sie nach Hause ging, um das Essen zu holen.

Plötzlich ging eine Veränderung mit dem Baum vor. Alle Sonnenwärme verschwand aus der Luft. Ich wusste, dass der Himmel schwarz überzogen war, weil alle Hitze, die für mich Licht bedeutete, fort war. Ein seltsamer Geruch stieg aus der Erde empor. Ich kannte ihn, es war der Geruch, der einem Gewitter vorausgeht. Namenloses Entsetzen krampfte mir das Herz zusammen. Ich fühlte mich ganz allein, abgeschnitten von meinen Freunden und der festen Erde. Das Unendliche, das Unbekannte umfing mich. Ich sehnte mich nach meiner Lehrerin, vor allem aber wollte ich von dem Baum herunter.

Eine Unheil verkündende Stille trat ein, dann aber begannen sich alle Zweige zu bewegen. Ein Zittern ging durch den Baum, es folgte ein heftiger Windstoß, der mich herabgeschleudert hätte, hätte ich mich nicht mit aller Kraft an einen Ast geklammert. Der Baum schwankte hin und her. Kleine Zweige wurden abgerissen und fielen rings um mich zu Boden. Mich ergriff der heftige Wunsch hinunterzuspringen, aber der Schreck hielt mich festgebannt. Ich kletterte bis zur Gabelung des Baumes zurück. Ich fühlte ein Rütteln, als sei etwas Schweres niedergefallen; die Erschütterung pflanzte sich fort bis zu dem Ast, auf dem ich saß. Meine Aufregung wurde immer größer, und gerade als ich glaubte, der Baum würde samt mir zu Boden stürzen, fasste mich meine Lehrerin bei der Hand und half mir herunter.«

Lange Zeit kletterte Helen auf keinen Baum mehr, bis sie an einem Frühlingsmorgen allein im Gartenhaus saß und las, als ihr plötzlich ein wunderbarer Geruch in die Nase stieg. Sie erkannte den Duft der Mimosenblüten, stand auf und tastete sich durch den Garten zu dem Mimosenbaum. Dort zögerte sie einen Augenblick, dann setzte sie den Fuß zwischen die gegabelten Äste und schwang sich hinauf und kletterte höher und höher, bis sie einen Sitz erreichte, den irgendjemand sich dort irgendwann gebaut hatte. Da saß sie in einer Wolke von Mimosenduft, wusste nicht, wie weit sie von der Erde weg und wie hoch der Himmel über ihr war – und war doch glücklich. Empfand sich als Teil der Welt, als jemand, der dazugehört, dank der »Zauberkraft des Buchstabierens« und dem Einfühlungsvermögen ihrer Lehrerin, die sie »mit allem, was wir erreichen oder erfühlen konnten, in unmittelbare sinnliche Berührung brachte: mit der sonnendurchfluteten Sommerruhe, dem Beben von Seifenblasen im Licht, den Liedern der

Vögel, der Wut des Sturmes, dem Summen der Insekten, dem Gemurmel der Bäume … dem Rascheln der Seide, dem Knarren einer Tür und dem Pochen des Blutes in meinen Adern«.

Sie gingen zusammen angeln, und Helen aß die Fischchen, die sie selber gefangen hatte. Sie eröffneten einen kleinen Laden und statteten ihn mit Waren aus. So lernte Helen die Namen der im Haushalt gebräuchlichen Dinge. Sie verwendeten echtes Geld, Helen lernte Münzen erkennen und wechseln. Für alles ließ Annie sich etwas einfallen, auf jede Frage ging sie, die sonst so Ungeduldige, Unbeherrschte, geduldig ein, so gut sie konnte: »Das ›Warum‹ ist das Tor, durch das das Kind die Welt des Denkens und der Überzeugung betritt.«

Längst weiß Annie, dass Helen ein außergewöhnliches Kind ist und außergewöhnliches Interesse finden wird. Schon beginnt die Öffentlichkeit auf sie aufmerksam zu werden. Annie ist erst drei Monate in Tuscumbia, als sie bereits die Gefahren voraussieht, die sich aus dem frühen Ruhm ergeben werden. Noch hofft sie, dem Kind die Verletzungen durch Neider und Missgünstige ersparen zu können. Sie bittet Sophia Hopkins, ihre Briefe niemandem zu zeigen – »meine schöne Helen soll nicht zu einem Wunderkind gemacht werden, wenn ich es verhüten kann«.

Meine schöne Helen. Schon hat Anne Sullivan angefangen, dieses Kind zu lieben, wie sie keinen Menschen mehr lieben wird, nicht einmal ihren Mann. Ihrer Biographin wird sie später erzählen, Helen sei das einzig Helle in ihrem Leben gewesen. Sie liebt Helen nicht aus Mitleid, nicht weil, sondern obwohl sie blind und taub ist. Sie fordert ihr genauso viel ab wie einem normalen Kind, schont weder sich noch Helen, überanstrengt ihre Augen, um alles Mögliche nachzulesen, wonach Helen fragt und was sie nicht gelernt hat in den sechs Jahren ihrer Schulbildung. Noch Monate nach ihrer Ankunft sind ihre Augen geschwollen, tränen und schmerzen. Helen weiß nichts davon, hat jahrelang keine Ahnung, welche Anstrengung es Annie kostet, zu lesen, erfährt erst viel später, warum ihre Lehrerin sich manchmal mit Übelkeit und Kopfschmerzen ins Bett legen musste, und ist sich selbst als junge Frau noch nicht im Klaren darüber, wie krank Annies Augen sind.

Annie ist von morgens bis abends mit dem Kind beschäftigt, mal als Spielgefährtin, die mit ihr herumtollt, dann wieder als unerbittliche Erzieherin, die nichts durchgehen lässt. Weil Helen die Angewohnheit hat, an den Nägeln zu kauen, stürzt Annie sich eines Tages auf sie, ohrfeigt sie und bindet ihr die Hände auf den Rücken, womit sie nicht nur das Nägelkauen verhindert, sondern ihr auch die Möglichkeit nimmt, sich mitzuteilen, für Helen die Strafe aller Strafen.

Helen scheint ihr diese und andere drastische Maßnahmen nicht verübelt zu haben, aus allem, was sie im

Laufe ihres Lebens über ihre Lehrerin geschrieben hat, spricht grenzenlose Dankbarkeit und Liebe. »Meine Lehrerin steht mir so nahe, dass ich mich kaum von ihr getrennt fühle.«

Zwischen Annie und Helen findet so etwas wie Osmose statt, Annie hat einen sechsten Sinn dafür, was das Kind gerade braucht, sie gibt ihr alles, was sie zu geben hat, und muss das Interesse für Sprache nicht erst in ihr wecken, es ist da, spätestens seit jenem Augenblick im Brunnenhäuschen: »Die Wörter selbst übten eine Art Zauber auf mich aus.«

Helen nahm die Sprache von Annie entgegen wie ein Geschenk von einer guten Fee. »Die Worte blitzten förmlich in meiner Hand.« Zwei, die sich gesucht und gefunden hatten in ihrer Leidenschaft für Sprache. Für beide war Sprache weit mehr als bloß ein Mittel zur Verständigung – ein lebendiges Wesen, das sie mit der Außenwelt verband. Vermutlich war Helen der erste Mensch, dem Sprache so viel bedeutete wie Annie, die ihre Sprachbegeisterung später so zum Ausdruck brachte: »Die Sprache ist etwas Wunderbares! Wie selten man doch daran denkt! Und doch gehört sie zu den erstaunlichsten Tatsachen des Lebens. Mit Hilfe des gesprochenen oder geschriebenen Wortes überspringen Gedanken die Barriere, die den einen Geist vom andern trennt, und doch wird dieses Wunder einfach hingenommen. Mit simplen kleinen Worten öffnen wir einander unsere Herzen. Dass wir denken und sprechen,

Ideen haben und sie niederschreiben, um sie andern verständlich zu machen, mit Fremden reden, von Bekannten und aus Zeitungen erfahren, was unsere Zeitgenossen tun, mit den Toten durch das gedruckte Wort weiterhin in Verbindung stehen, ihr Andenken lebendig halten – das ist gewiss das Wunder der Existenz.«

Zwei Sprachbegeisterte, ein einundzwanzigjähriges Mädchen und ein siebenjähriges Kind, ein außergewöhnliches, wahrscheinlich geniales Kind, aber doch noch ein Kind. Ein kleines Mädchen, das an einem Tag im Juli, genau vier Monate nach Anne Sullivans Ankunft, eifrig damit beschäftigt war, Steine in ein Glas zu füllen, und es sich nicht gefallen lassen wollte, als Viney, das Kindermädchen, ihr das Glas wegnahm, weil sie fürchtete, es könnte zerbrechen. Es gab einen Auftritt. Helen schlug, kratzte, biss ganz wie in alten Zeiten, das heißt: vor zwei Monaten. Seit jenem Augenblick im Brunnenhäuschen hatte es so etwas nicht mehr gegeben, und Annie, die wohl fürchtete, mühsam gewonnenes Terrain wieder zu verlieren, strafte Helen, indem sie sich abwandte und das Kind, das sich ihr nähern wollte, zurückwies.

Zunächst zeigt Helen sich noch trotzig: »Helen hat Lehrerin nicht lieb. Helen hat Mutter lieb. Mutter wird Viney verprügeln.« Aber schon ist Annie so wichtig für sie, dass sie ihre Abwendung nicht ertragen kann. Annie scheut sich nicht, das voll auszunutzen. Sie isst nichts zu Mittag und erklärt dem Kind, sie könne nicht essen, weil sie traurig sei. Helen fängt an zu weinen und zu schluchzen und klammert sich an Annie.

Nach dem Essen ist Helen sehr aufgeregt. Annie versucht, sie mit einer Stabheuschrecke abzulenken. Helen lässt sich nicht ablenken. Schon ist die Beziehung zu Annie wichtiger für sie als alles andere. »Kann Insekt von ungezogenem Kind wissen? Ist Insekt sehr glücklich?« Noch glaubt sie, alle anderen Wesen müssten glücklich sein, hält sie sich selber für das einzige unglückliche Geschöpf auf dieser Welt. Sie schlingt die Arme um Annies Hals und verspricht: »Morgen bin ich lieb. Helen ist alle Tage lieb.« Doch Annie ist das nicht genug. Sie will, dass Helen sich bei Viney entschuldigt. Helen lächelt. »Viney kann nicht buchstabieren.«

Die beiden einigen sich darauf, dass sie zusammen zu Viney gehen und Annie Helens Entschuldigung vorbringt. Helen hat keine andere Wahl. Sie braucht Annie, es bleibt ihr nichts anderes übrig als nachzugeben, doch als Viney sie umarmt und küsst, lässt sie das reglos über sich ergehen – so weit geht die Abhängigkeit nicht, dass sie die eigenen Gefühle verleugnet: Sie gibt nach, aber sie heuchelt nicht.

X

Im September, ein halbes Jahr nach Anne Sullivans Ankunft, schreibt Helen den ersten Brief an die Schülerinnen des Perkins-Instituts.

Tuscumbia, September 1887

Helen schreibt kleinen blinden mädchen einen brief Helen und lehrerin kommen kleine blinde mädchen besuchen Helen und lehrerin fahren mit dampfwagen nach boston Helen wird mit blinden mädchen spielen blinde mädchen können mit fingern reden Helen wird mr. anagnos besuchen und mr. anagnos wird Helen lieben und küssen Helen wird mit blinden mädchen zur schule gehen Helen kann lesen und zählen und buchstabieren und schreiben wie blinde mädchen mildred fährt nicht nach boston Mildred weint prince und jumbo fahren nach boston papa schießt enten mit gewehr und enten fallen ins wasser und jumbo und mamie schwimmen im wasser und bringen enten in maul zu papa Helen spielt mit hunden Helen reitet mit lehrerin Helen gibt handee gras mit hand lehrerin gibt handee peitsche damit schnell geht Helen ist blind Helen steckt brief in umschlag für blinde mädchen

aufwiedersehn
Helen Keller

Ende Juli hatte Anne Sullivan angefangen, Helen das Braille-Alphabet beizubringen. Anfang September kannte Helen bereits vier Alphabete: das Fingeralphabet, die Quadratschrift, Boston Line Type und Braille. Ein unglaublicher Erfolg, der auch dem Perkins-Institut nützlich sein konnte. So machte Michael Anagnos vermutlich nicht nur aus persönlicher Anteilnahme einen Abstecher nach Tuscumbia, als er im Herbst des Jahres 1887 Einrichtungen für Blinde in den Südstaaten besuchte. Mr. Anagnos war Fachmann. Er sah sofort, was für ein außergewöhnliches Kind Helen war, und lud sie, ihre Mutter und Annie nach Boston ein.

Kate Keller zögerte. Anagnos drängte, verwies auf die Möglichkeiten, die sich Helen im Institut bieten würden, die Bücher, die Lehrer, die anderen Kinder.

Mrs. Keller sagte zu, selbstverständlich unter der Voraussetzung, dass ihr Mann einverstanden war. Er war derjenige, der zu entscheiden hatte.

Sobald er nach Boston zurückgekehrt war, schrieb Anagnos an Arthur Keller, um Helen und Annie für das nächste Schuljahr einzuladen. Es war etwa ein Jahr her, dass Arthur Keller sich an Anagnos gewandt hatte, um zu fragen, ob er ihm jemanden für seine taubblinde Tochter Helen schicken könne.

Weihnachten. Es ist das erste Mal, dass Helen das Fest bewusst erlebt. Als sie und Annie die Treppe hinunterkommen, werden sie von Kate Keller erwartet, die mit Tränen in den Augen auf »Miss Annie« zugeht und ihr sagt, sie danke Gott jeden Tag dafür, dass er sie zu ihnen geschickt habe, aber ihr sei erst an diesem Morgen so richtig klar geworden, was für ein Segen Annie für die Familie sei.

Ihr Mann ist so bewegt, dass er kein Wort hervorbringt, er nimmt nur schweigend Annies Hand in die seine. Und weiß nicht und wird nie wissen, genauso wenig wie seine Frau, was Annie für Erinnerungen an ihr erstes Weihnachtsfest hat: die Mutter krank, so krank, dass sie liegen muss. Aus dem Nebenraum die grölenden Stimmen des Vaters und seiner Saufkumpane. Die Mutter kann es nicht ertragen, schickt Annie zum Vater, sie soll ihm ausrichten, er möchte seine Freunde nach Hause schicken. Der Vater, rothaarig, rotbärtig und rot angelaufen vom Saufen und Singen, schlägt ihr mit aller Kraft ins Gesicht.

In einer der erhaben gedruckten Kindergeschichten stößt Helen auf das Wort *Großvater.* Erst fragt sie Annie, was *Großvater* ist, dann ihre Mutter, wo Großvater ist. Kate Keller sagt ihr, dass er tot ist.

Helen fragt: »Hat Vater ihn geschossen?« Für sie eine ganz natürliche Frage. Der Vater ist Jäger, er schießt Enten, Hirsche und andere Tiere. Helen weiß, dass die toten Tiere in der Küche zubereitet werden. Und dann werden sie im Esszimmer aufgetragen, so fügt Helen denn entschlossen hinzu: »Ich werde Großvater zum Abendbrot essen.«

Sie muss sich die Welt erst noch zusammensetzen. Alles, was Kinder, die hören und sehen können, so früh lernen, dass sie sich später nicht mehr daran erinnern, es je gelernt zu haben, sondern glauben, sie hätten es »immer schon« gewusst – all das muss sie sich als Siebenjährige nach und nach aneignen.

Für sie ist nichts selbstverständlich, nicht einmal, dass es einen Himmel gibt, und erst recht nicht, was *Himmel* für eine Farbe hat.

Mit der Entdeckung der Sprache wird ihre Welt, die bisher einförmig grau gewesen ist, farbig, der Himmel blau, die Erde braun. Von allem will sie die Farbe wissen. »Welche Farbe hat Denken?«

Annie erzählt ihr, dass Mildreds Augen blau sind. Sie fragt: »Wie winzige Himmel?«

Anne Sullivan an Sophia Hopkins: »Ich vermute, dass die Farbeindrücke aus den ersten achtzehn Monaten ihres Lebens, in denen sie sehen und hören konnte, nicht ganz verschwunden sind. Alles, was wir gesehen oder gehört haben, bleibt an irgendeiner Stelle des Gedächtnisses haften. Es mag zu unbestimmt und verworren sein, um deutlich wiedererkannt zu werden, aber es ist trotzdem vorhanden wie die Landschaft, die wir bei hereinbrechender Dämmerung aus den Augen verlieren.«

Ende Mai 1888 reisten Annie, Helen und ihre Mutter über Cincinnati und Washington nach Boston.

In Cincinnati fand ein Ärztekongress statt, an dem Helens Onkel James teilnahm. James Keller war Arzt und hatte sich dafür ausgesprochen, dass Helen noch einmal von Spezialisten untersucht wurde.

Man stellte alle möglichen Versuche an, um festzustellen, ob Helen eine Schallempfindung habe. »Alle Anwesenden waren erstaunt, dass sie nicht nur einen Pfiff, sondern auch den gewöhnlichen Klang der menschlichen Stimme zu vernehmen schien«, berichtete Annie. »Sie wandte den Kopf, lächelte und verhielt sich so, als ob sie gehört hätte, was gesprochen worden war. Ich stand neben ihr und hielt ihre Hand in der meinen. Da ich glaubte, sie habe Eindrücke durch mich erhalten, legte ich ihre Hände auf den Tisch und zog mich an die gegenüberliegende Wand zurück. Die Ärzte nahmen ihre Versuche wieder auf, aber mit ganz anderen Ergebnissen. Helen blieb völlig teilnahmslos, nichts deutete darauf hin, dass sie etwas von dem Gesprochenen verstand. Auf meinen Vorschlag hin hielt einer der Ärzte ihre Hand, und wieder war es so, als ob sie etwas verstand. Ihre Züge veränderten sich, sooft sie angeredet wurde, aber diesmal leuchtete ihr Gesicht nicht so sichtbar auf wie vorher, als ich ihre Hand hielt.«

Die Untersuchung ergab, dass Helen nicht das Geringste sah oder hörte. Annie, Helen und ihre Mutter fuhren weiter nach Washington, um Graham Bell zu besuchen, der den Kellers zwei Jahre zuvor geraten hatte, sich an das Perkins-Institut zu wenden.

Helen erkannte ihn sofort wieder und war überrascht und erfreut, dass er mit den Fingern reden konnte. Wahrscheinlich ließ er sich ihr gegenüber nicht anmerken, wie überrascht *er* über ihre Entwicklung war; aber er stellte Anne Sullivan alle möglichen Fragen über ihre Arbeitsmethode, und sie musste gestehen, dass sie keine Methode hatte. Schon war sie in der Defensive, obwohl er, der selber Taubstummenlehrer war, seine grenzenlose Bewunderung für ihre Arbeit zum Ausdruck gebracht hatte. Anne Sullivan hatte das nicht gehört. Sie wurden trotzdem Freunde, und als sie später einmal über ihre mangelhafte Bildung klagte, tröstete er sie: »Wenigstens warst du nicht mit irgendwelchen vorgefassten Meinungen belastet, und das ist ein Vorteil. Du bist ohne ein bestimmtes Muster an deine Aufgabe herangegangen, und deine eigene Persönlichkeit war so ausgeprägt, dass du nicht versucht hast, die von Helen zu unterdrücken. Es ist schwer, als Einzelner in der Minderheit zu sein, aber es ist auch anregend. Du solltest dem, was du von anderen nicht gelernt hast, nicht so viel Bedeutung beimessen. Was wir von anderen lernen, ist nicht so viel wert wie das, was wir uns selber beibringen.«

In Washington werden Helen, Annie und Helens Mutter auch von Präsident Cleveland empfangen. So wird aus Annies und Helens erster gemeinsamer Reise schon ein kleiner Triumphzug. Helen ist knapp acht, Annie zweiundzwanzig Jahre alt.

Ein und ein Vierteljahr nach ihrer Abreise kam Annie erfolgreich und bewundert ins Perkins-Institut zurück, und Helen konnte zum ersten Mal mit anderen Kindern spielen und sich dabei durch Worte mit ihnen verständigen.

Wahrscheinlich hat sie erst auf dieser Reise begriffen, dass Sprache ein *allgemeines* Verständigungsmittel ist. Bis dahin hatte sie ihr das Gespräch mit Annie und den engsten Familienangehörigen ermöglicht – und nun machte sie die Erfahrung, dass sie sich mit völlig fremden Menschen austauschen konnte. In der Geschichte ihres Lebens erinnert sie sich jedoch auch der schmerzlichen Überraschung, die sie empfand, als sie merkte, dass die Kinder im Perkins-Institut ebenfalls mit den Fingern lasen. »Obwohl ich mir meiner eigenen Behinderung bewusst war, hatte ich doch irgendwie geglaubt, dass sie, da sie hören konnten, so etwas wie ein ›zweites Gesicht‹ hätten.« Auch wenn sie Briefe an »kleine blinde Mädchen« geschrieben hatte, war ihr offenbar nicht klar geworden, dass diese Mädchen genauso blind waren wie sie. Annie hatte ihr erzählt, dass sie hören konnten, und so hatte sie unbewusst angenommen, dass sie *irgendwie* auch lesen konnten.

Es ist die Taubheit, die von der Welt trennt, es ist der Taube, der ausgeschlossen ist, ausgeschlossen und in sich eingeschlossen, mehr als der Blinde; und so antwortete Helen Keller dann auch, als sie später einmal gefragt wurde, was sie wählen würde, wenn sie die Wahl hätte zwischen Blindheit oder Taubheit, sie würde lieber nichts sehen als nichts hören. (Und doch hat sie sich ein Leben lang für die Verbesserung der Lage der Blinden eingesetzt.)

Annie hatte Helen viel von Laura Bridgman erzählt. Helen wusste, dass sie taub und blind war wie sie und die Kleider für die Puppe genäht hatte, die Annie ihr mitgebracht und die sie in einem Wutanfall zu Boden geschleudert hatte. Sie wusste auch, dass Laura und sie beide blaue Augen und braunes Haar hatten, dass sie fast im gleichen Alter blind und taub geworden waren und fast im gleichen Alter ihren ersten Unterricht bekommen hatten. Allerdings war Laura Bridgman fünfzig Jahre älter als sie.

Laura sitzt am Fenster ihres Zimmers und häkelt, als Annie und Helen sie besuchen. Sie erkennt Annie sofort und freut sich, dass sie wieder da ist. Annie macht

Helens Eltern, Capt. Arthur H. Keller, Mrs. Kate Keller

Helens Elternhaus in Tuscumbia

links:
Anne Sullivan, 1887
unten:
Helen Keller und
Anne Sullivan, 1887

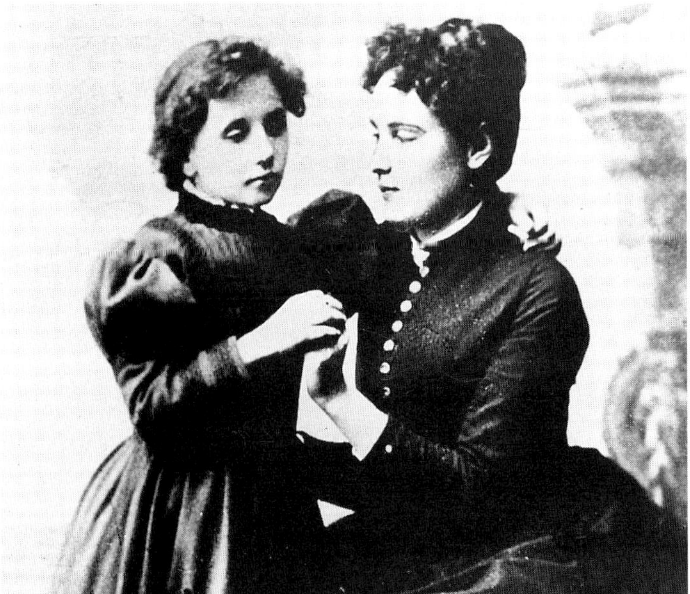

links:
Laura Bridgman
unten:
Helen Keller mit Anne Sullivan Macy, 1893

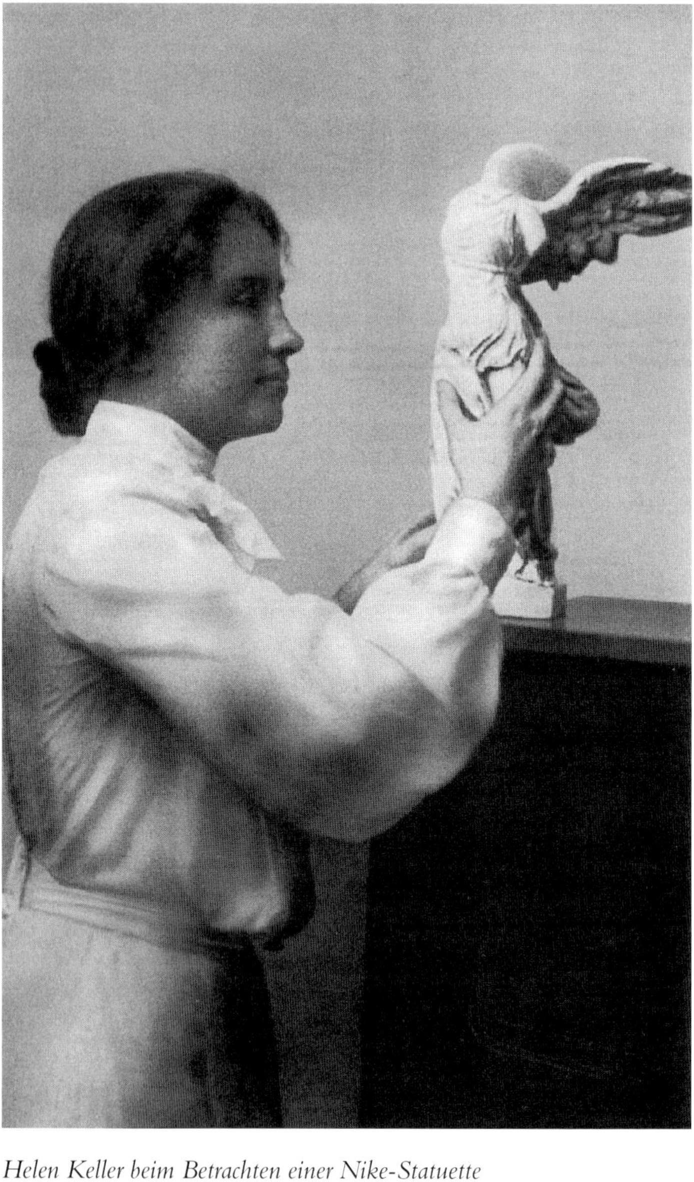

Helen Keller beim Betrachten einer Nike-Statuette

Beim Reiten, ca. 1918. Ganz links Anne Sullivan Macy, daneben Helen Keller

Helen Keller mit John Albert Macy und Anne Sullivan Macy, 1905

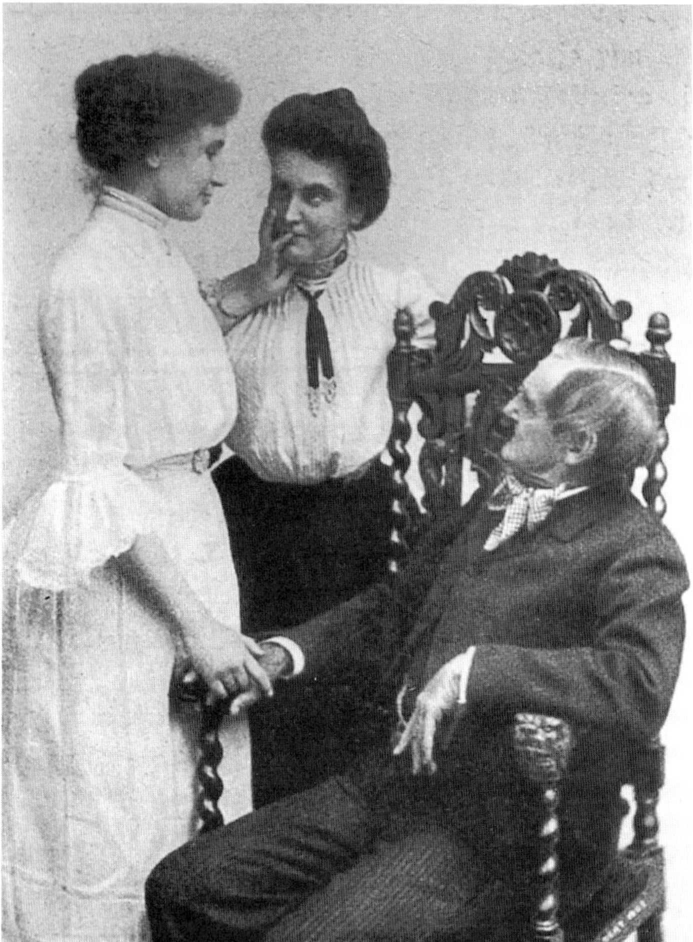

Helen Keller, Anne Sullivan Macy und der Schauspieler Joseph Jefferson

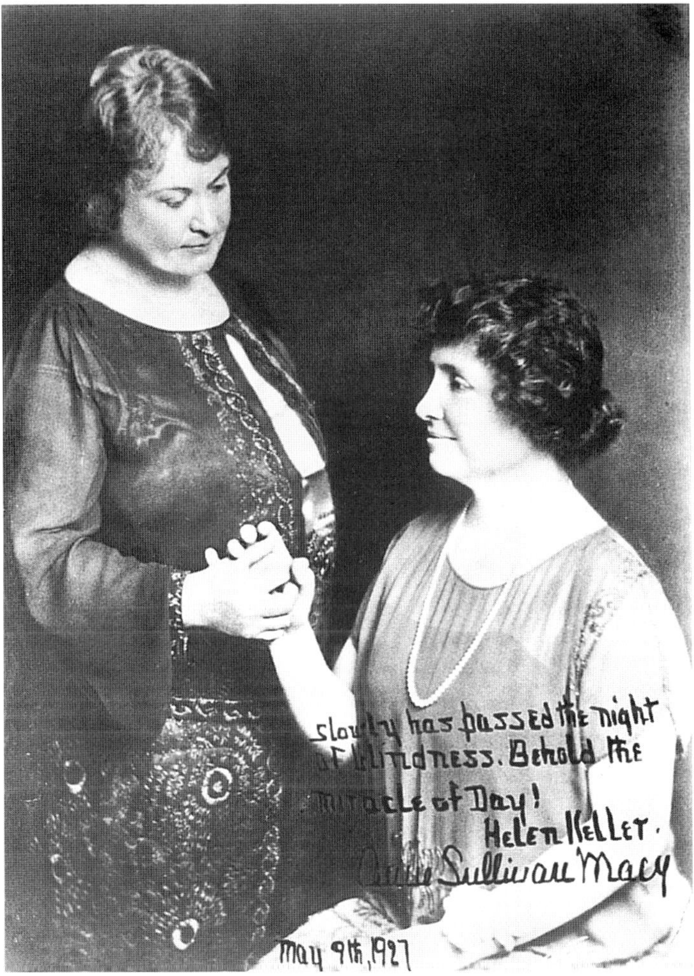

Anne Sullivan Macy mit Helen Keller, 1927

Helen Keller, um 1940

sie mit Helen bekannt, indem sie die Hände der beiden ineinander legt.

Helen, die es gewohnt ist, Menschen »anzusehen«, indem sie ihr Gesicht betastet, wird ausgerechnet von Laura Bridgman zurückgestoßen. »Du darfst nicht so vorlaut sein, wenn du eine Dame besuchst!«

Helen lässt von dem Gesicht ab und befühlt die Spitze, an der Laura Bridgman häkelt. Die Spitze wird ihr entrissen, Laura Bridgman hämmert in ihre Hand: »Deine Hände sind bestimmt nicht sauber.«

Helen setzt sich auf den Fußboden. Laura Bridgman zerrt sie hoch. »Du darfst dich nicht auf den Fußboden setzen, wenn du ein sauberes Kleid trägst, es wird sonst schmutzig. Du musst noch viel lernen!«

Jahre später schrieb Helen Keller über diesen Besuch: »Sie gab mir das Gefühl, dass ich das böse kleine Mädchen aus dem Bilderbuch war.«

Laura Bridgman starb ein Jahr später, am 24. Mai 1889, neunundfünzig Jahre alt.

Es stellte sich heraus, dass Helen noch zu unruhig war, um am regulären Unterricht teilzunehmen. Aber sie durfte jeden Tag eine bestimmte Zeit in der Blindenbibliothek verbringen, wo sie von Bücherbrett zu Bücherbrett ging, die Bücher herunternahm und las las las, obwohl sie von zehn Worten oft nur eines verstand. Mit demselben Lesehunger hatte ihre Lehrerin sich – es war erst ein paar Jahre her – an demselben Ort auf die Bücher gestürzt. Für Helen wie für Annie werden die Bücher ein Leben lang Fenster zur Welt sein, Augen, mit denen sie aus sich selber hinaussehen können, und nicht nur das: eine Möglichkeit, den eigenen Körper zu verlassen. »Wie leicht ist es doch, mit papiernen Schwingen zu fliegen!«

Dies die wache Helen Keller, die, einundzwanzig Jahre alt und schon berühmt, am renommierten Radcliffe College studiert, fremde Sprachen lernt, liest, bis ihr die Fingerspitzen bluten, und nebenbei die Geschichte ihres Lebens schreibt. Aber da ist auch die Schlafende, die Träumende, der die »papiernen Schwingen« den Dienst versagen:

»Im Schlaf kommt es mir vor, wie wenn ich nicht schlafen könnte. Ich arbeite mich mit unvollendeten Aufgaben ab. Endlich entschließe ich mich, aufzustehen und ein Weilchen zu lesen. Ich weiß, in welcher Bücherreihe meiner Bibliothek das Buch steht, das ich haben will. Das Buch hat keinen Titel, aber ich finde es ohne Schwierigkeit. Ich mache es mir im Lehnstuhl bequem, das große Buch auf meinem Schoß. Ich kann kein Wort unterscheiden, die Seiten sind völlig leer. Ich bin nicht überrascht, aber bitter enttäuscht. Ich streiche mit dem Finger über die Seiten, neige mich liebevoll über sie; die Tränen fallen auf meine Hände. Da fährt mir der Gedanke durch den Sinn: Die ganze Schrift wird ausgelöscht werden, wenn die Seite nass wird – und schnell schlage ich das Buch zu.

Und doch ist ja gar keine fühlbare Blindenschrift auf der Seite!«

Die Sommerferien beginnen, Kate Keller kehrt nach Tuscumbia zurück, und Helen und Annie fahren zum Cape Cod, um Sophia Hopkins zu besuchen. Helen ist bereits so bekannt, dass Nachbarn und Dorfbewohner, die Annie als armes Waisenkind nicht beachtet hatten, jetzt plötzlich so tun, als ob sie immer schon dick befreundet gewesen wären.

Helen bekommt alle möglichen Spielsachen geschenkt, darunter auch ein Bettchen und einen Wagen, die Mrs. Hopkins' verstorbener Tochter Florence gehört haben. Florence war Mrs. Hopkins' einziges Kind gewesen, und wenn sie die jahrelang gehüteten Spielsachen jetzt an Helen weitergab, dürfen wir annehmen, dass Helen für sie als Annies Schützling an die Stelle der Enkelin getreten war, die sie niemals haben würde.

Sophia Hopkins und Anne Sullivan nahmen das Kind zum Friedhof mit. Es war wahrscheinlich das erste Mal, dass Helen einen Friedhof besuchte, aber sie spürte sofort, dass etwas war mit diesem Ort, roch an den Blumen, pflückte sie aber nicht, und als Annie ihr welche pflückte und sie ihr anstecken wollte, wehrte sie ab. Sie betastete die Grabsteine und versuchte, die Namen zu entziffern. An dem Grab von Mrs. Hopkins' Tochter hockte sie sich hin, befühlte die Marmorplatte, auf der in erhabenen Buchstaben der Name *Florence* stand, und buchstabierte Annie mit verstörtem Gesicht in die Hand: »Wo ist die arme kleine Florence?« Dann fügte sie hinzu: »Ich glaube, sie ist sehr tot. Wer hat sie in großes Loch gelegt?« Sie fragte und fragte, bis Mrs. Hopkins und Annie beschlossen zu gehen.

Annie hatte Helen nichts von Florence erzählt, und doch lief sie zu Hause sofort in das Zimmer, in dem das Bettchen und der Wagen standen, schleppte beides zu Mrs. Hopkins und buchstabierte: »Sie gehören der armen kleinen Florence.« Annie und Mrs. Hopkins können sich nicht erklären, wie sie das erraten hat.

Ein paar Tage später schrieb Helen an ihre Mutter: »Ich lege meine kleinen Kinder in Florences Bettchen und fahre sie in ihrem Wagen herum. Die arme kleine Florence ist tot. Sie war sehr krank und starb. Mrs. H. weinte laut um ihr liebes kleines Kind. Sie kam in die Erde, und sie ist sehr schmutzig, und sie ist kalt. Florence war sehr hübsch wie Sadie, und Mrs. H. küsste und streichelte sie oft. Florence ist sehr traurig in dem großen Loch. Doktor gab ihr Medizin, um sie gesund zu machen, aber die arme Florence wurde nicht gesund. Als sie sehr krank war, hustete und stöhnte sie im Bett. Mrs. H. wird sie bald besuchen.«

Helen musste sich die Welt erst zusammensetzen, sie hatte noch keine rechte Vorstellung davon, was *tot* ist, aber sie besaß Einfühlungsvermögen, ein intuitives Wissen um das, was in den Menschen ihrer Umgebung vor sich ging, ob sie traurig waren oder heiter oder wütend oder ungeduldig, sie konnten es nicht verbergen vor diesem Kind, das nicht sah und nicht hörte. Helen reagierte auf jede Nuance im Spiel der Handmuskeln, auf den leisen Druck der Zuneigung genauso wie auf ein ungeduldiges Zucken oder ein entschiedenes Zupacken.

Sie wusste noch wenig von der Welt. Als sie in Brewster zum ersten Mal im Meer badete und von einer Welle erfasst wurde, fragte sie, kaum dass sie wieder zu Atem gekommen war: »Wer hat denn das Salz ins Meer getan?« Aber sie wusste, wenn ihre Mutter sich erschreckte oder Annie sich aufregte. »Als sie eines Tages mit ihrer Mutter und Mr. Anagnos spazieren ging, warf ein Junge eine Knallerbse vor ihnen auf den Boden, worüber Mrs. Keller erschrak. Helen bemerkte sofort die Veränderung in den Bewegungen ihrer Mutter und fragte: ›Wovor fürchten wir uns?‹ Als ich einmal im Park spazieren ging, sah ich, wie ein Polizist einen Mann abführte. Die Erregung, die ich empfand, muss sich Helen vermittelt haben, denn sie fragte aufgeregt: ›Was siehst du?‹«

XI

Im Herbst 1888 waren Annie und Helen wieder in Tuscumbia, und Annie plagte sich damit ab, einen Text zu verfassen, um den Michael Anagnos sie gebeten hatte. Er sollte im Jahresbericht des Instituts erscheinen, und Annie, die so lebendige Briefe an Sophia Hopkins schrieb, machte alle Qualen eines schreibenden Menschen durch, der fürchtet, den Ansprüchen nicht zu genügen: »Wenn ich mich niedersetze, um zu schreiben, frieren meine Gedanken ein, und wenn sie dann auf dem Papier stehen, sehen sie aus wie eine Reihe hölzerner Soldaten, und wenn sich zufällig ein lebendiger darunter befindet, steckte ich ihn in eine Zwangsjacke!«

Anagnos hatte Annie um einen Bericht über *ihre Arbeit mit Helen* gebeten, doch das, was sie schließlich schrieb, handelte fast ausschließlich von Helen, ihrer Intuition und ihrem Einfühlungsvermögen. Denn dieses Kind, das sich die Welt erst noch zusammenfügen musste aus allen möglichen Einzelteilen, die nach und nach Namen bekamen, besaß die Gabe, die ans Wunderbare grenzende Fähigkeit, durch die Hand zu erfassen, was in Menschen vor sich ging. Auch wenn sie es noch nicht beschreiben konnte wie später als junge Frau – es war doch schon alles da: »Die Hand ist mein Fühler, den ich durch Vereinsamung und Dunkelheit hindurchstrecke.« Sie fühlt mit dem ganzen Körper, sie horcht mit den Füßen, Gerüche sagen ihr, was vor sich geht und wo sie sich befindet, doch ist nichts so wichtig für sie wie die Hand. Die Hand ersetzt ihr Hören und Sehen und verbindet sie *unmittelbar* mit Dingen und Menschen. »Man hat mir gesagt, der Blick eines geliebten Auges mache einen von Ferne erbeben; aber bei der Berührung einer geliebten Hand gibt es keine Entfernung.«

Die Hand eines Freundes wird das Kind genauso wie die junge Frau und später die alte unfehlbar wiedererkennen, »und sei es Jahre später im tiefsten Afrika«: »Die Hand ist nicht nur so leicht wiederzuerkennen wie das Gesicht, sondern sie enthüllt sogar ihre Geheimnisse offener und unbewusster. Die Menschen haben ihren Gesichtsausdruck in der Gewalt, aber die Hand unterliegt keiner solchen Beschränkung.«

Körperliche Eigenschaften kommen ihr selten zu Bewusstsein, und sie erinnert sich nicht, ob die Finger einer Hand kurz oder lang sind, ob ihre Haut feucht oder trocken ist. So wie auch sehende Menschen sich meist nicht an die Einzelheiten eines Gesichts erinnern, sondern an seinen Ausdruck. »Gewisse Hände erzählen mir, dass sie alles mit dem größtmöglichen Aufwand von Unruhe und Lärm machen … Ich begegnete einem Bischof mit der Hand eines Witzbolds, einem Humoristen mit einer Hand von bleiernem

Ernst, einem ruhigen, fast unterwürfigen Mann mit einer eisernen Faust.«

Wie viel sich dieser Behinderten, die noch vor kurzem von ihren Verwandten als schwachsinnig abgetan wurde, allein schon durch einen Händedruck vermittelt, wie viel diese Blinde durchschaut! »Fremde haben meine Hand umschlossen wie die einer lange verloren gewesenen Schwester … Andere geben mir die Hand, wie wenn sie Angst hätten, ich könnte ihnen etwas antun. Solche Leute halten höfliche Fingerspitzen hin, die sie dir zu berühren erlauben; im Augenblick der Berührung ziehen sie sie zurück, und da hoffst du dann innerlich, dass du es nicht nötig haben wirst, diese Hand mit der ›Tapferkeit einer Schlafmaus‹ noch einmal zu ergreifen. Sie verrät einen prüden Geist, anmutlosen Stolz und nicht selten Misstrauen.«

Selbst die Fachleute, die Helen in Cincinnati untersuchten, kamen nicht darauf, dass es Annies Hand war, über die sich dem Kind vermittelte, dass gesprochen wurde. Es war Annie, die aus Erfahrung wusste, wie viel Helen mit den Händen sah und hörte.

»Von den Menschen, die mich nicht kennen, werden wohl wenige verstehen, wie viel ich von der Stimmung eines Freundes erfasse, der in mündlicher Unterhaltung mit irgendjemand anderem begriffen ist. Meine Hand folgt seinen Bewegungen. Ich berühre seine Hand, seinen Arm, sein Gesicht. Ich weiß, wenn er sich über einen guten Witz amüsiert, der mir nicht wiederholt worden ist, oder wenn er eine lebendige Geschichte erzählt. Einer meiner Freunde ist ziemlich angriffslustig, und seine Hand kündigt immer schon vorher an, dass es Streit gibt. An ihrem ungeduldigen Zucken merke ich, dass er gleich auf jemanden losgeht. Ich habe gefühlt, wie es ihm einen Ruck gab, als eine plötzliche Erinnerung oder ein neuer Gedanke ihm durch den Sinn schoss. Ich habe in seiner Hand Kummer gefühlt. Ich habe gefühlt, wie seine Seele sich majestätisch in Dunkelheit hüllte wie in ein Gewand.«

Selbst auf Fotos ist Helen Kellers Händen noch anzusehen, wie achtsam ihre Berührung ist. Sie liegen auf einem Buch wie ein Schmetterling, der sich auf einer Blume niedergelassen hat, und doch sind es dieselben Hände, die Puppen zu Boden geschleudert, auf Viney oder Annie eingeschlagen, Lampen und alles, was ihnen sonst im Wege war, zerbrochen haben. Es ist dieselbe Kraft, die ungebändigt so viel Schaden angerichtet, so viel zerstört hat, die Helen jetzt nutzen kann, um sich Stück für Stück die Welt zusammenzufügen.

»Natürlich können meine Finger nicht den Eindruck eines großen Ganzen auf einmal gewinnen; aber ich fühle die Teile und füge sie im Geiste zusammen. Ich bewege mich um mein Haus herum und berühre einen Gegenstand nach dem andern, bis ich mir schließlich eine Vorstellung von dem ganzen Haus mache. In den Häusern anderer Leute kann ich nur berühren, was mir gezeigt wird ... darum hat ein Haus, mit dem ich nicht vertraut bin, für mich weder eine allgemeine Wirkung, noch erscheint es mir als harmonisches Ganzes … Meine schweigende Arbeiterin ist die Phantasie, deren Machtwort aus Chaos Wirklichkeit schafft. Wie arm wäre meine Welt ohne Vorstellungskraft! Mein Garten wäre ein lautloses Fleckchen Erde, auf dem Stöcke und Stangen herumstehen, die verschieden geformt sind und verschieden riechen.«

Das Werkzeug von Helen Kellers »schweigender Arbeiterin«, der Phantasie, ist die Sprache, ohne die die Phantasie nicht arbeiten kann, das Material liefern die Hände, die immer feinere Unterschiede machen.

»Alle mit dem Tastsinn wahrnehmbaren Dinge sind beweglich oder starr, fest oder flüssig, groß oder klein, und diese Eigenschaften sind auf vielfache Weise abgestuft. Die Kühle einer Wasserlilie, die sich zur Blüte rundet, ist verschieden von der Kühle eines Sommerabendwindes und wieder verschieden von der Kühle des Regens … Der Samt der Rose ist nicht derselbe wie der eines reifen Pfirsichs oder der Grübchenwange eines Babys. Die Härte des Felsens verhält sich zu der Härte von Holz wie der Bass eines Mannes zu der tiefen Stimme einer Frau.«

So fügt das Kind sich die Welt, die es nicht sehen und nicht hören kann, nicht nur zusammen, indem es die ihm verbliebenen Sinne besser nutzt als andere Menschen, sondern auch dadurch, dass es auf die kleinen Dinge achtet, die feinen Unterschiede. Und Helen *denkt.* Weil sie selber mit den Händen sieht, kann sie sich zunächst nicht vorstellen, wie es sein kann, dass andere Menschen, die nicht blind sind, etwas sehen können, ohne es zu berühren; bis sie darauf kommt, dass sie selber ja auch einen Baum von ferne *riechen* kann. Farbunterschiede macht sie sich klar, indem sie die Verschiedenheit von Gerüchen zum Vergleich heranzieht.

»Ich begreife, dass Scharlachrot sich von Purpurrot unterscheidet, weil ich weiß, dass der Duft einer Orange nicht der Duft einer Pampelmuse ist.«

Gerüche sagen ihr nicht nur, wo sie ist und was gerade geschieht – so weiß sie, dass die Lampen angezündet werden, wenn sie den Schwefelgeruch eines Streichholzes riecht –, sie sind auch eine unmittelbare Verbindung zwischen ihr und der Welt.

»Ich hatte einmal etliche Tage lang den Geruchs- und Geschmackssinn verloren. Es kam mir unglaublich vor, wie ich so völlig von allen Gerüchen getrennt war, wie ich die Luft einsog und niemals auch nur den geringsten Duft wahrnahm … Ich wusste, dass ich nach einer gewissen Zeit wieder würde riechen können. Und doch – nachdem die Verwunderung vorbei war, kroch ein Gefühl von Einsamkeit über mich her, von einer Einsamkeit, so ungeheuer wie die Luft, deren Zehntausende von Düften mir fehlten.«

XII

Wieder in Tuscumbia, hatte Annie allein mit Helen weitergearbeitet, ohne ihre Augen zu schonen, bis es nicht mehr ging. Im Frühjahr 1889 konnte sie kaum noch sehen. Ihre Augen mussten ein weiteres Mal operiert werden. Und sie brauchte Urlaub.

Arthur Keller schrieb an Michael Anagnos. Eine Ersatzlehrerin wurde eingestellt. Sie hieß Eva Ramsdell. Mehr als der Name ist nicht von ihr geblieben. Für Helen war Annie unersetzbar.

Anne Sullivan reiste nach Boston. Helen blieb zurück und wusste jetzt, dass auch ihre Lehrerin kranke Augen hatte, doch glaubte sie, dies sei nur etwas Vorübergehendes. Es war ihre erste Trennung. Helen scheint sie recht gut verkraftet zu haben. Sie schrieben einander Briefe und Helen war erfüllt von dem Neuen in ihrem Leben. »Ich lese täglich in meinen Büchern. Ich liebe sie sehr sehr sehr sehr.«

Sie besaß ein paar Fibeln für Anfänger, ein Geographie-Buch und eine Sammlung von Kindergeschichten, alles in Prägedruck. In ihrer Lebensgeschichte erinnert sie sich, dass die erste zusammenhängende Geschichte, die Annie ihr vorgelesen und die sie verstanden hatte, *Der kleine Lord Fauntleroy* gewesen war. Annie hatte ihr in die Hand buchstabiert, bis die Finger ihr den Dienst versagten. »Es ist hier vielleicht der geeignete Ort, etwas über den Gebrauch des Fingeralphabets zu sagen. Wer mir mittels seiner Hand vorliest oder mit mir spricht, bedient sich in der Regel des einhändigen Fingeralphabets. Ich lege meine Hand so leicht auf die Hand des Sprechenden, dass keine ihrer Bewegungen behindert wird. Ich fühle ebenso wenig jeden Buchstaben, wie andere beim Lesen einzelne Buchstaben sehen. Ständige Übung macht die Finger äußerst biegsam, und einige meiner Freunde buchstabieren beinahe so rasch, wie jemand auf der Schreibmaschine schreibt. Das bloße Buchstabieren geht ebenso automatisch vor sich wie das Schreiben.«

Damals, als Anne Sullivan dem Kind die Geschichte vom kleinen Lord Fauntleroy in die Hand buchstabierte und Helen unbedingt wissen wollte, wie es weitergeht, Annie aber die Finger nicht mehr rühren konnte, nahm sie das Buch in die Hände und versuchte die Buchstaben mit einer Sehnsucht zu fühlen, an die sie sich noch Jahrzehnte später erinnerte.

Sie hatte mittlerweile noch einen kleinen Bruder, Arthur, aber sie wusste immer noch nicht, woher die Kinder kommen, obwohl sie diesmal die Schwangerschaft ihrer Mutter bewusst miterlebt haben muss. Auch als ein weiteres Jahr vergangen war und noch ein Bruder auf die Welt gekommen war, musste sie sich noch immer fragen: »Wo war ich, ehe ich zu Mutter kam?

Ich weiß, dass die Pflanzen aus Samenkörnern emporwachsen, die in der Erde liegen, aber ich bin fest davon überzeugt, dass Menschen nicht auf diese Weise entstehen. Ich habe noch nie eine Kinderpflanze bemerkt. Kleine Vögel und Hühnchen kommen aus Eiern. Ich habe das beobachtet. Was war das Ei, ehe es ein Ei war?«

Als der Jahresbericht des Perkins-Instituts veröffentlicht wurde, druckten fast alle Zeitungen und Zeitschriften Anne Sullivans Bericht über Helen ab, zitierten daraus oder schrieben darüber. Helen bekam die ersten Briefe fremder Menschen. Natürlich antwortete sie und ahnte noch nicht, dass sie bald mehr Briefe bekommen und mehr Briefe schreiben würde, als ihr lieb war.

Die öffentliche Aufmerksamkeit kam auch dem Perkins-Institut zugute. Michael Anagnos lud Helen (und Anne Sullivan) für das neue Schuljahr ein. Helen brauchte kein Schulgeld zu bezahlen und sollte mehr Freiheiten haben als die anderen Schülerinnen. So wusste Anne Sullivan, als sie im September nach Tuscumbia zurückkam, dass sie die Reise nach Boston schon bald wieder machen würde, nun bereits zum dritten Mal.

Helen hatte sich mittlerweile so gut entwickelt, dass sie am regulären Unterricht teilnehmen konnte. Annie saß neben ihr und »übersetzte«. Und Helen bekam alle möglichen Einladungen von allen möglichen Leuten, zunächst aus Neugier, dann um ihrer selbst willen: »Sie übt eine starke Anziehungskraft auf Menschen aus, wahrscheinlich weil sie sich so lebhaft für alles interessiert.«

Anne Sullivan wurde mit eingeladen, nicht selten wie ein lästiges, aber notwendiges Übel. Sie verstand es noch immer nicht, sich beliebt zu machen, sprach rücksichtslos aus, was sie dachte, eine schroffe junge Frau, immer in Gefahr, Kränkungen zuzufügen oder zu erleiden. Ein aggressives Aschenputtel, das bei jeder passenden und unpassenden Gelegenheit die Zähne zeigte, aber ein ganzes Monatsgehalt für einen pelzbesetzten Samtumhang ausgab, den sie in einem Geschäft in Boston entdeckt hatte. Helen war dabei und erinnerte sich mehr als ein halbes Jahrhundert später in ihrem Buch *Teacher* an diesen Kauf, bei dem sie die zögernde, sehnsüchtige Annie ermutigt hatte. Sie berichtet, dass sie damals beide »ausgeschimpft« wurden. Doch vermutlich war es nur Annie, die sich Vorwürfe anhören musste wegen der Verschwendung.

Sie wird den Umhang mit einer Mischung aus Stolz, Trotz und schlechtem Gewissen getragen haben, eingeladen in die ersten Häuser Bostons: Aschenputtel hatte seinen Herd verlassen und stand im Licht der Öffentlichkeit.

Undiplomatisch wie immer erklärte Anne Sullivan in einem Interview, sie allein trage die Verantwortung für Helen, und ihr Gehalt werde von Helens Vater bezahlt. Beides entsprach den Tatsachen, doch hatte das Perkins-Institut Anne Sullivan ausgebildet und ihr ein halbes Jahr lang Gelegenheit gegeben, Laura Bridgmans Akte zu studieren, konnte also einen gewissen Anteil an Helens und Annies noch nie da gewesenem Erfolg beanspruchen. Entrüstung im Institut. Man warf Anne Sullivan vor, sie beiße in die Hand, die sie genährt habe, und behauptete, Helen sei nicht ihr, sondern vielmehr dem Perkins-Institut zu Dank verpflichtet. Schon begann das missgünstige Gezänk, das den Ruhm begleitet. Anne Sullivan musste einen Entschuldigungsbrief an den Vorstand des Instituts schreiben.

XIII

Auch im Jahre 1890 waren Helen und ihre Lehrerin wieder als Gäste des Perkins-Institut in Boston. Wie einst Samuel Howe war Michael Anagnos, der in Griechenland geboren war, für längere Zeit nach Europa gereist, und so wie Howe mit Laura Bridgman korrespondiert hatte, wechselte Anagnos jetzt Briefe mit Helen, die um diese Zeit auf das Wort *Seele* stieß und Annie fragte, was das sei.

Annie erklärte ihr, das wisse niemand, es sei der Teil von uns, der denkt und liebt und hofft – das war die Antwort, die Laura Bridgman bekommen hatte, doch ließ Anne Sullivan es nicht dabei bewenden. »… Dann fragte ich sie: ›Kannst du dir deine Seele getrennt vom Körper denken?‹ – ›O ja‹, antwortete sie, ›ich dachte vor einer Stunde sehr lebhaft an Mr. Anagnos, da war mein Geist – meine Seele‹, verbesserte sie sich, ›in Athen‹« (wo Anagnos sich aufhielt). »›Aber mein Körper war hier im Schulzimmer.‹ In diesem Augenblick schien ihr ein anderer Gedanke durch den Kopf zu gehen, denn sie fügte hinzu: ›Aber Mr. Anagnos sprach nicht zu meiner Seele.‹ Ich erklärte ihr, dass die Seele unsichtbar, mit anderen Worten ohne wahrnehmbare Gestalt sei. ›Aber wenn ich niederschreibe, was meine

Seele denkt‹, erwiderte sie, ›wird sie sichtbar, und die Worte sind dann ihr Körper.‹«

Anders als Laura Bridgman war Helen den Puritanern nicht ausgeliefert. Zwischen ihr und dem Puritanertum stand ihre Lehrerin, die sie, die extrem Abhängige, immer wieder ermutigte, wenigstens unabhängig zu denken. Und wenn sie ihr auch Gehorsam abverlangte (und das zuweilen ziemlich unsanft), so doch nicht jenen blinden Gehorsam, für den wir die Bezeichnung *Kadavergehorsam* haben, weil es der Gehorsam einer nicht mehr lebendigen Person ist. Helen sollte selber denken, nichts einfach hinnehmen, sondern sich selber ein Bild machen, so dass sie sich der Puritaner ganz anders erwehren konnte als einst das Mädchen Laura.

Der Tod beschäftigte sie. Sie fragte Annie: »Glaubst du nicht, dass wir alle viel glücklicher wären, wenn wir nicht sterben müssten?« Aber als ihre Schulkameradinnen ihr erzählten, wie herrlich es im Jenseits sei, fragte sie sofort: »Woher wisst ihr das, wenn ihr doch nicht tot gewesen seid?« Und als Verwandte in Tuscumbia ihr in den Sommerferien erklärten, dass Gott sie und alle anderen Menschen aus Erde geschaffen habe und ihr liebender Vater sei, sagte sie zu Annie: »Ich weiß doch, dass ich aus Fleisch und Blut und Knochen gemacht bin und dass mein Vater Arthur Keller ist.«

Sie war zehn Jahre alt, als sie sich die Welt so weit zusammengefügt hatte, dass sie nach ihrer Entstehung fragen konnte: »Woraus machte Gott die neuen Welten? Woher nahm er die Erde, das Wasser, die Samenkörner und die ersten Tiere? Wo ist Gott? Hast du Gott gesehen?«

XIV

Sprechen zu können war ein alter Traum von Helen, der so unerfüllbar schien wie der Traum vom Fliegen. Selbst Menschen, die »nur« taub sind, kostet das Sprechenlernen viel Mühe und Anstrengung. Nicht umsonst verbindet die Sprache die Worte *taub* und *stumm* zu einem einzigen Begriff. Wer Laute nicht aufnimmt, kann sie (normalerweise) auch nicht wiedergeben. Taubstumme, die sprechen lernen wollen, sind darauf angewiesen, die Ohren durch die Augen zu ersetzen, damit sie überhaupt wissen, wie die einzelnen Laute geformt werden.

Selbst Anne Sullivan, die Helen sonst so viel zutraute wie einem normalen Kind, hielt es für unmöglich, dass Helen sprechen lernen könnte.

In ihrem zweiten Schuljahr in Boston hörte Helen dann von Ragnhild Kaata, einer jungen, taubblinden Norwegerin, die sprechen gelernt hatte. Es war also doch möglich! Helen setzte Annie so lange zu, bis diese mit Sarah Fuller redete, die eine Schule für Gehörlose in Boston leitete.

Sarah Fuller wollte erst einmal wissen, warum Helen es sich in den Kopf gesetzt hatte, sprechen zu lernen.

»Meine Lehrerin sagte mir am Dienstag, Sie wollten

wissen, wie ich zu dem Wunsch gekommen bin, mit meinem Mund zu sprechen. Ich will es Ihnen ausführlich erzählen, denn ich erinnere mich noch genau. Als ich ein ganz kleines Kind war, saß ich immerzu auf dem Schoß meiner Mutter, weil ich sehr ängstlich war und nicht gern allein blieb. Ich hielt ständig meine kleine Hand an ihr Gesicht, weil es mir gefiel, zu fühlen, wie sich ihr Gesicht und ihre Lippen bewegten, wenn sie mit anderen sprach. Ich wusste damals noch nicht, was sie tat, denn ich war in allem unwissend. Als ich dann älter wurde, lernte ich mit meiner Kinderfrau und den kleinen Negerkindern spielen und merkte, dass sie ihre Lippen genau wie meine Mutter bewegten: darum bewegte ich auch die meinen, aber das machte mich manchmal zornig, und ich hielt meinen Spielgefährten den Mund zu. Ich wusste damals noch nicht, dass das sehr unartig war. Nach langer Zeit kam meine liebe Lehrerin zu mir und lehrte mich, wie ich mich mit meinen Fingern verständlich machen könnte, und ich war glücklich und zufrieden. Als ich dann aber in die Schule nach Boston kam, traf ich mehrere taube Leute, die mit ihrem Mund sprachen wie alle anderen Menschen, und eines Tages besuchte mich eine Dame, die in Norwegen gewesen war, und erzählte mir von einem blinden und tauben Mädchen, das sie in jenem fernen Lande gesehen hatte und das sprechen und andere verstehen gelernt hatte, wenn sie zu ihr sprachen.«

Sarah Fuller erklärte sich bereit, Helen zu unterrichten. »Sie legte meine Hand leicht über ihr Gesicht und ließ mich die Stellung ihrer Zunge und ihrer Lippen fühlen, wenn sie einen Laut hervorbrachte. Ich war voll Eifer, ihr jede Bewegung nachzumachen, und binnen einer Stunde hatte ich sechs Elemente der Sprache erlernt: m, p, a, s, t, i … Ich werde nie das Staunen und die Freude vergessen, als ich meinen ersten Satz aussprach: ›Es ist warm.‹«

Helen hatte elf Stunden bei Sarah Fuller, danach machte Annie mit dem Kind allein weiter. Für Wochen wurde ein Satz Helens Lieblingssatz: »Ich bin nicht mehr stumm.« Der Satz aller Sätze. »Meine halb gefangenen Gedanken zerrten nicht länger an der Kette, die ihnen mein eigenes Fingerbuchstabieren anlegte.«

Fast so schwierig wie das Sprechen war das Lippenlesen. Das Kind legte den Mittelfinger auf die Nase, den Zeigefinger auf die Lippen und den Daumen auf die Kehle des Sprechenden, um die verschiedenen Schwingungen zu erfühlen. Es dauerte Jahre, bis sie mehr verstehen konnte als nur einzelne Worte, doch waren die Schwierigkeiten beim Lippenlesen nichts im Vergleich zu der Mühe und Anstrengung, die das Sprechenlernen sowohl für Helen als auch für Annie bedeutete. Helen, die die Vorstellung des Tons durch Berührung ersetzen musste, drang mit den Fingern tief in Annies Kehle hinein. Annie würgte. Helen weinte. Aber sie gab nicht auf.

Fünf Jahre später besuchte sie, noch immer voller Zuversicht, eine Sprachschule für Gehörlose in New York City.

»Wie gerne möchte ich wie andere Leute sprechen können! … Ich frage mich, warum es für ein taubes Kind so schwer und verwirrend ist, sprechen zu lernen, wenn es für andere so leicht ist; aber ich bin sicher, dass ich einmal tadellos sprechen werde, wenn ich geduldig bin.«

Wieder zwei Jahre später sprach sie vor der *Amerikanischen Vereinigung zur Förderung der Ausbildung von Gehörlosen im Sprechen* davon, »wie ich mich mühte, meine Gedanken mit Hilfe des Fingeralphabets auszudrücken – wie meine Gedanken ständig gegen meine Fingerspitzen schlugen wie kleine Vögel, die nach Freiheit streben, bis eines Tages Miss Fuller ihnen die Kerkertür öffnete und sie entfliegen ließ. Natürlich fiel ihnen das Fliegen anfangs ziemlich schwer. Die Sprechschwingen waren schwach und gebrochen; es war in der Tat nichts übrig geblieben als der Trieb zu fliegen.«

So war es. Obwohl Helen Keller ein Leben lang hart gearbeitet und geübt hat, ist ihre Sprache nie natürlich geworden und für Außenstehende unverständlich geblieben. Auch weil zu Anfang schwer wiegende Fehler gemacht worden waren. Sarah Fuller hätte zuerst Stimmübungen mit dem Kind machen müssen, um die so lange unbenutzten Stimmbänder zu stärken, anstatt sie gleich Worte und ganze Sätze sprechen zu lassen.

Doch das wusste man damals noch nicht, und Helen Keller, die so viel von dem, was unerreichbar schien, erreicht hatte, glaubte lange Zeit, sie könnte sich die Fähigkeit zu sprechen doch noch erarbeiten, wenn sie nur genug übte.

Erst im Alter gab sie auf. Als Nancy Hamilton im Jahre 1955 ihren berühmten Dokumentarfilm über Helen Keller herausbrachte, war darin auch eine Szene enthalten, in der die mittlerweile Fünfundsiebzigjährige spricht. Was sie sagt, musste übersetzt werden: »Die dunkelsten Stunden habe ich nicht wegen meiner Taubheit oder Blindheit. Es ist die bittere Enttäuschung darüber, dass ich nicht in der Lage bin, normal zu sprechen, nachdem wir, meine Freunde und ich, uns so viel Mühe gegeben haben, meine Stimme klar und angenehm zu machen.«

XV

Im Sommer 1981 machte Arthur Keller Bankrott. Kate Keller eröffnete »Miss Annie«, die die Ferien mit Helen in Tuscumbia verbrachte, dass nicht einmal mehr Geld da war, um ihr Gehalt zu zahlen. Anne Sullivan blieb ohne Gehalt. Helen erfuhr nichts davon. Später sorgten Mäzene, unter anderem auch Graham Bell, für sie und Annie.

Michael Anagnos, mittlerweile aus Europa zurückgekehrt, lud Helen und Anne Sullivan für ein weiteres Schuljahr nach Boston ein. Helen war elf Jahre alt und hatte bereits einen lebhaften Briefwechsel mit allen möglichen Freunden, Verwandten und Fremden. Und sie hatte angefangen, Geschichten zu schreiben, von denen eine, *Sister Mabel* (Schwester Mabel), sogar veröffentlicht worden war. Es war Herbst geworden, der Winter nahte, und Helen schrieb eine Geschichte, *The Frost King* (Der Frostkönig), und schenkte sie Mr. Anagnos zum Geburtstag.

Anagnos nahm sie in seinen Jahresbericht für 1891 auf, der ohnehin fast zur Hälfte von Helen handelte. Er hatte Anne Sullivan gebeten, nach drei Jahren Pause wieder etwas über ihre Arbeit mit Helen zu schreiben, und ihren Text diesmal mit blumenreichen Wendungen

»ausgeschmückt«, vermutlich ohne die Autorin zu fragen. Das klang dann so: »Helens schriftliche Arbeiten bezeugen die Fruchtbarkeit ihrer Vorstellungskraft. Vollendete Kristalle, den Blüten ihrer Phantasie entsprungen, funkeln wie Sterne auf den strahlenden Seiten.«

Im Januar schrieb jemand an Anagnos, *The Frost King* sei nicht von Helen Keller, sondern fast gleich lautend mit *The Frost Fairies* (Die Frostfeen) aus Margaret T. Canbys Buch *Birdie and His Fairy Friends* (Birdie und seine Feenfreunde).

Helen und Annie, die mittlerweile wieder in Boston waren, wurden befragt. Annie hatte nie etwas von *Birdie and His Fairy Friends* gehört, und Helen erklärte, sie habe sich die Geschichte ganz allein ausgedacht. Doch es war tatsächlich so: Helens Geschichte stimmte beinahe wörtlich mit *The Frost Fairies* überein.

Das Buch war 1873 erschienen, sieben Jahre vor Helens Geburt, Annie war sicher, dass sie Helen nie etwas daraus »vorgelesen« hatte, ebenso Helens Mutter. Unter den Büchern, die Helen selber gelesen hatte, war es auch nicht.

Schließlich erinnerte sich Sophia Hopkins, dass sie Helen vor mehr als drei Jahren aus *Birdie and His Fairy Friends* »vorgelesen« hatte, als Annie und Helen zum ersten Mal zu Besuch auf Cape Cod waren. Annie war für ein paar Tage nach Boston gefahren, um ihre Augen behandeln zu lassen, und Mrs. Hopkins hatte Helen aus den alten Kinderbüchern ihrer Tochter »vorgelesen«. Die Bücher hatte sie später verschenkt und vergessen. Auch Helen hatte vergessen, was sie damals, ein Jahr nach ihrer Entdeckung der Sprache, in sich aufgenommen hatte. Es war ins Unbewusste abgesunken und versickert und Jahre später wieder zutage getreten wie das Wasser aus einer Quelle, die uns als Sinnbild des Ursprungs erscheint, obwohl die Tropfen ihren Anfang nicht da genommen haben, wo sie aus der Erde kommen, sondern einen weiten Weg hinter sich haben, von den Wolken zur Erde, durch unterirdische Bereiche, bis sie an einer bestimmten Stelle von neuem an die Oberfläche kommen.

Das achtjährige Kind, das erst seit kurzem wusste, dass es überhaupt so etwas wie Geschichten gibt, hatte sich diese Geschichte zu Eigen gemacht, angeeignet, ohne es zu merken: »Ich hatte sie völlig vergessen, bis sie wieder so lebendig vor mir stand, dass ich dachte, sie stamme von mir selbst.«

Ein vollkommen natürlicher Vorgang, dem auch Menschen, die nicht blind und taub sind, ständig unterworfen sind. »Im Grunde stammen alle Ideen aus zweiter Hand, werden sie doch bewusst oder unbewusst aus einer Million äußerer Quellen gezogen«, schrieb Mark Twain Jahre später an Helen Keller, nachdem er in der Geschichte ihres Lebens über das »Plagiats-Tribunal« gelesen hatte. »Wenn ein großer Redner eine große Rede hält, hört man zehntausend Leuten zu – aber wir sagen, es ist seine Rede, und tatsächlich ist ein äußerst kleiner Teil davon *seiner* … Es braucht tausend Leute, einen Telegrafen zu erfinden oder eine Dampfmaschine oder eine Sprechmaschine oder ein Telefon oder sonst etwas Bedeutendes – und der Letzte erntet die Lorbeeren und wir vergessen die anderen.«

Im Perkins-Institut fühlte man sich betrogen von dem eben noch in den Himmel gehobenen Wunderkind, das sich nach wie vor keiner Schuld bewusst war. Margaret T. Canby, die Autorin von *The Frost King*, schrieb einen verständnisvollen Brief. Trotzdem berief Anagnos ein Untersuchungskomitee ein.

Das Komitee, das Mark Twain später als einen »Haufen verrotteter menschlicher Kohlköpfe« bezeichnete, bestand aus acht Lehrern, vier Blinden und vier Sehenden.

Helen wurde vor das Komitee befohlen, und zwar allein, ohne Annie. Neun Männer befanden über ein elfjähriges Kind, das sie nicht sehen und ihre Stimmen nicht hören konnte, aber die Feindseligkeit der verhörenden Finger spürte. Und den Zweifel und das Misstrauen aus jeder Frage herausfühlte. Und sich nicht bewusst war, dass es getan hatte, was es getan hatte. »Ich wusste doch wirklich nicht, dass ich die Geschichte schon gehört hatte.«

Die Untersuchung dauerte zwei Stunden. Dann wurde abgestimmt. Vier der Herren verurteilten Helen, das heißt, sie betrachteten sie als überführte Betrügerin, vier befanden, ein bewusster Betrug sei nicht nachzuweisen. Anagnos stimmte zwar für Helen, doch spürte sie, dass er ihr nicht verziehen hatte: »Er hat uns aus seinem Herzen ausgeschlossen.«

Im Allgemeinen wurde jedoch nicht Helen verantwortlich gemacht, sondern Anne Sullivan, die immer noch dieselbe hochmütige Außenseiterin war wie einst als Schülerin im Perkins-Institut, nur dass sie jetzt nicht mehr das arme Waisenmädchen war, sondern die Lehrerin des berühmtesten Kindes der Vereinigten Staaten. Neid und Missgunst schlugen ihr entgegen, und die Affäre um *Frost King* war auch eine willkommene Gelegenheit, ihr auf dem Umweg über das Kind eins auszuwischen.

Helen war verstört und tief verunsichert. »Angenommen, es stellt sich heraus, dass alles, was ich sage, schon von jemand anderem vor langer Zeit niedergeschrieben worden ist – was dann?« Sie konnte nicht einmal mehr unbefangen an ihre Mutter schreiben. Sie konnte sich überhaupt nicht mehr unbefangen äußern. Kaum hatte sie etwas zum Ausdruck gebracht, kam der Zweifel: »Ich bin nicht sicher, ob dies mein eigener Gedanke ist.«

In der Nacht nach dem Verhör fror Helen so, dass sie dachte, sie würde sterben, und es könnte sein, dass es diese Nacht war, in der sie träumte, »vom Nordpol her steige Winter auf die Welt herab, der Polarkreis verschiebe sich, und es sei aus mit unserem milden Klima. Weit und fernhin flog die Kunde. Im Hochsommer erstarrte der Ozean zu Eis. Zu Tausenden saßen Schiffe im Eis fest: Die Schiffe mit ihren großen weißen Segeln wurden festgehalten. Die Schätze des Morgenlandes und die reichen Ernten des goldenen Westens konnten nicht mehr zwischen den Völkern ausgetauscht werden. Trotz des starken Frosts wuchsen Bäume und Sträucher noch eine Zeit lang weiter. Vögel flogen Schutz suchend in die Häuser, und die, die der Winter ereilt hatte, lagen mit ihren zu vergeblicher Flucht ausgebreiteten Flügeln im Schnee. Schließlich fielen Laub und Blumen dem Winter zu Füßen. Die Blütenblätter verwandelten sich in Rubine und Saphire. Die Baumblätter gefroren zu Smaragden. Die Bäume stöhnten und warfen ihre Äste ab, als der Frost ihnen durch Rinde und Mark bis in die Wurzeln drang. Ich zitterte so vor Kälte, dass ich erwachte«.

XVI

Die Unbefangenheit war dahin. Helen war zwölf Jahre alt und saß gedrückt auf der väterlichen Farm in Tuscumbia herum, als eine Anfrage von *The Youth's Companion* kam. Ob sie nicht etwas über ihr Leben schreiben wolle. Helen wollte nicht, doch redeten ihre Mutter und Annie ihr so lange zu, bis sie sich hinsetzte und in Braille aufschrieb, was sie bisher erlebt hatte.

Das Schreiben tat ihr gut, die Depression verflüchtigte sich. Und sie kam an mit ihrem Text. Damit war die Krise überwunden, auch wenn eine gewisse Unsicherheit blieb und die Unbefangenheit für immer dahin war.

In dem Südstaaten-Städtchen war nicht viel zu tun für Helen. Anne Sullivan schrieb an Graham Bell und der lud sie und Helen im Frühjahr 1893 nach Washington ein. Von Washington aus fuhr er mit den beiden zu den Niagara-Fällen und im Sommer nahm er sie mit zur Weltausstellung nach Chicago. Den Herbst und Winter verbrachten Annie und Helen bei einem anderen Freund, William Wade und seiner Familie, in Hulton, Pennsylvania. Dort fand sich auch ein presbyterianischer Geistlicher, John Irons, der Helen in Literatur und Geschichte, Latein, Geographie und Rechnen unterrichtete. Der Mathematik konnte sie nichts abgewinnen: »Obwohl ich mich bemühe, mit meinen Gedanken bei der Sache zu sein, flattern sie herum wie Vögel im Käfig und versuchen zu entkommen.«

John Irons beherrschte das Fingeralphabet nicht. Anne Sullivan musste wieder einmal übersetzen.

Wir wissen nicht, warum Arthur Keller seine Tochter (und damit auch Annie) im Februar des folgenden Jahres zurückrief. Vielleicht hatte er schon damals die Idee, seine zerrütteten Finanzen zu sanieren, indem er seine berühmte Tochter ausstellte, eine Idee, die er auf jeden Fall zwei Jahre später, kurz vor seinem Tod in die Tat umzusetzen versuchte, wobei er jedoch am Widerstand seiner Frau scheiterte.

Helen und Annie kehrten nach Tuscumbia zurück und arbeiteten an Helens Stimme und ihrem Lippenlesen, bis sie in die neu gegründete Wright-Humanson-Sprachschule für Gehörlose eingeladen wurden.

Wieder sitzt Annie während des Unterrichts neben Helen und übersetzt.

Helen bekommt Sprech- und Musikstunden und sie lernt Deutsch, Französisch und Rechnen. Wie in Boston findet sie auch in New York Bekannte und Freunde, unter anderem Mark Twain.

Mark Twain ist einer der wenigen, die nicht nur Augen für Helen haben. Für die meisten ist Anne Sullivan auch in New York bloß die Dolmetscherin, auf die man leider nicht verzichten kann, im Grunde nicht vorhanden. Später, nachdem er ihre Lebensgeschichte gelesen hat, schreibt Mark Twain an Helen Keller: »Sie sind ein wunderbares Wesen, das Wunderbarste auf der Welt – Sie zusammen mit Ihrer anderen Hälfte – Miss Sullivan meine ich, denn Sie beide waren nötig, um ein vollkommenes Ganzes zu bilden.«

Zwei Jahre lang besucht Helen die Sprachschule für Gehörlose. Sie hat wieder Selbstvertrauen und sich in den Kopf gesetzt, ihre Kräfte »mit den Kräften derer zu messen, die sehen und hören können«: Sie möchte studieren, ein College besuchen, nicht irgendeines, sondern eines der besten: Radcliffe.

Anne Sullivan kann den Gedanken an eine weitere Schule nicht ertragen ... Wieder einem starren Tagesablauf unterworfen sein. Wieder neben Helen sitzen und bis zur völligen Erschöpfung dolmetschen, ins Bett fallen mit leerem Geist und steifen Fingern. Wieder die beneidete Außenseiterin unter den Lehrern sein. Der Gedanke an all das ist ihr so schrecklich, dass sie glaubt, es wäre besser, wenn jemand anders an ihre Stelle treten würde. Und doch erkundigt sie sich nach einer für Helen geeigneten Schule, die aufs College vorbereitet. Man empfiehlt ihr die Cambridge School for Young Ladies, die von einem gewissen Arthur Gilman geleitet wird.

Helen wird im September 1896 dort aufgenommen. Noch im gleichen Jahr stirbt ihr Vater im fernen Tuscumbia. Sie weiß jetzt, was *tot* bedeutet. Für sie heißt das, dass sie seinen Körper nie mehr berühren, seinen Geruch nie mehr riechen wird. Vielleicht erinnert sie sich daran, wie sie ihn, als sie klein war, mit einem Papier vor dem Gesicht vorfand. Es ist ihre früheste Erinnerung an ihn – damals war es ihr ein Rätsel, was er mit dem Papier machte.

Es trat natürlich niemand an Anne Sullivans Stelle. Sie saß wieder neben Helen und buchstabierte ihr in die Hand, was die Lehrer sagten.

Arthur Gilman, der Schulleiter, lernte das Fingeralphabet, um sich unmittelbar mit seiner berühmten Schülerin verständigen zu können, ebenso eine Deutschlehrerin und einige von Helens Mitschülerinnen.

Zum ersten Mal war Helen mit gleichaltrigen Mädchen zusammen, die sehen und hören konnten: »… wie eine Schiffbrüchige auf einer Insel, deren Bewohner eine ihr unbekannte Sprache sprechen und ganz andere Erfahrungen als sie gemacht haben. Ich war eine, sie waren viele, ein Kompromiss war nicht möglich. Ich musste lernen, mit ihren Augen zu sehen, mit ihren Ohren zu hören, in ihrer Sprache zu denken.«

Zu Weihnachten kamen Helens Mutter und Mildred, wahrscheinlich eingeladen von Arthur Gilman. Es war erst ein Vierteljahr her, dass Kate Keller ihren Mann verloren hatte. Sie stand allein und mittellos mit drei kleinen Kindern da, nicht darauf vorbereitet, für sich selber sorgen zu müssen, und nicht daran gewöhnt, Entscheidungen zu treffen und Verantwortung zu tragen. Wir befinden uns im ausgehenden neunzehnten Jahrhundert, der Mann hat das Sagen, und Kate Keller hat das offenbar, anders als später ihre Tochter Helen, nie in Frage gestellt. Es wird dem Schulleiter Gilman nicht schwer gefallen sein, ihr Vertrauen zu gewinnen.

Das Geld für Helens Schulbesuch kam aus einem Fonds, den Freunde von ihr für ihre Ausbildung eingerichtet hatten. Helens Schwester Mildred war zehn Jahre alt. Vielleicht hat Kate Keller ihre Sorge um Mildreds Zukunft Mr. Gilman gegenüber zum Ausdruck gebracht – jedenfalls nahm er sie unentgeltlich in die Schule auf, nicht ihrer blauen Augen wegen, wie man vermuten darf, sondern weil sie die Schwester der berühmten Helen Keller war.

Helens Anwesenheit brachte der Cambridge School for Young Ladies plötzlich großes Ansehen. Es kamen Reporter aus dem Ausland. Es kamen namhafte Besucher. Und es kamen Berge von Post. Arthur Gilman war nicht der Erste, den es danach verlangte, sich in Helen Kellers Ruhm zu sonnen.

Als Kate Keller abreiste, blieb Mildred als Schülerin der Cambridge School for Young Ladies zurück.

Das erste Schuljahr brachte Helen mit Erfolg hinter sich. Im zweiten hat sie große Schwierigkeiten mit Algebra und Geometrie. Sie ist kein Kind mehr, siebzehn Jahre alt, ein anmutiges junges Mädchen, lebhaft und den Menschen zugewandt. Anne Sullivan ist einunddreißig Jahre alt, hat ihre Jugend hinter sich, fängt an, dick zu werden, leidet an Depressionen und muss fürchten, blind zu werden, die überanstrengten Augen schmerzen und müssen immer wieder behandelt werden. Sie fühlt sich nicht wohl an der Schule und will es so schnell wie möglich hinter sich bringen. Das Verhältnis zwischen ihr und Gilman ist gespannt, ein Machtkampf beginnt sich abzuzeichnen.

Gilman nimmt Helens Schwierigkeiten mit Algebra und Geometrie zum Anlass, die ursprünglich auf drei Jahre angesetzte Schulzeit für Helen um ein Jahr zu verlängern.

Anne Sullivan erhebt Einspruch. Gilman wirft ihr vor, sie mute Helen zu viel zu. Helen Keller selber schrieb dazu später: »Teacher und ich wussten genau, was ich aushalten konnte. Es war mein eigener Wunsch, hart und ausdauernd zu studieren, und Teacher folgte mir nur auf dem Weg, den ich gehen wollte. Sie konnte meinen Drang nach Bildung, den ihre Gegner als ›absolute Schinderei‹ bezeichneten, gar nicht aufhalten.«

Unter dem Deckmantel der Sorge um Helen bereitete Mr. Gilman einen Coup vor, mit dem er Anne Sullivan loswerden und die Macht über Helen erringen wollte.

Er schrieb an Kate Keller, Helen sei gesundheitlich schwer angeschlagen, Anne Sullivan behandele sie mit Grausamkeit und mache ihr Leben zu einer einzigen Schinderei.

Kate Keller, die Annie noch vor wenigen Tagen geschrieben hatte, sie betrachte Helen immer auch als ihr Kind, schickte ein Telegramm an Gilman, in dem sie ihm die alleinige Vollmacht über Helen erteilte.

Mit diesem Telegramm in der Hand setzt Gilman Anne Sullivan vor die Tür, nachdem er sie daran erinnert hat, dass auch Helens Vater seine Tochter vor seinem Tod von ihr getrennt sehen wollte. Allerdings erwähnt er nicht, dass Arthur Keller dabei seine eigenen Ziele verfolgte, denen Annie im Wege stand: Er hoffte, wieder zu Geld zu kommen, indem er Helen ausstellte. Annie und Kate Keller dagegen fanden, dass Helens Ausbildung vorging. Helen Keller hat von diesem Gezerre um sie als mögliche Geldquelle *innerhalb der Familie* wahrscheinlich nichts mitbekommen. Sie wusste nur, dass es außerhalb der Familie immer wieder Versuche gab, von ihrem Ruhm zu profitieren. »Durch üble Erfahrungen klug geworden, hatte Teacher viele Leute, die uns ihre Hilfe anboten, im Verdacht, mich in Wirklichkeit für ihre eigenen Zwecke missbrauchen zu wollen. Von diesem Vorwurf konnte man, wie ich die Geschehnisse beurteile, auch Mr. Gilman nicht freisprechen.«

Man darf sich vorstellen, wie Gilman sich Annie gegenüber in seinem Amtszimmer als rechtschaffener Schulleiter aufspielte, der sich vor seinen hilflosen Schützling stellt, indem er der Schindluder treibenden Person die Tür weist. Gilman sagte ihr, sie habe auf der Stelle das Haus zu verlassen, ihre Sachen könne sie später holen.

Annie ging. Sie war verzweifelt und nahe daran, sich in den Fluss zu stürzen. Gilmans Auftritt hatte seine Wirkung nicht verfehlt. Das Telegramm war ein Schock, und es gab nicht viele Menschen in Boston, an die Annie sich wenden konnte. Aber sie wusste, dass sie nicht nur zahlreiche Feinde, sondern auch einige Freunde hatte.

Sie wandte sich an das Ehepaar Fuller. Gemeinsam überlegte man, was zu tun sei, und verschickte noch am gleichen Tag Telegramme an Kate Keller, Graham Bell und andere Freunde.

Die Fullers im Rücken, kehrte Annie am nächsten Morgen an die Schule zurück und verlangte Helen und Mildred zu sprechen.

Am Vorabend hatte Gilman versucht, seine Beute zu sich nach Hause abzuschleppen. Die beiden Mädchen hatten sich geweigert mitzugehen. Mildred alleine wäre wahrscheinlich mitgekommen – es war Helen, die, blind und taub und plötzlich fast wieder so einsam wie in der Zeit vor Annies Ankunft, Widerstand leistete. Gilman hatte die beiden schließlich ihrer Hausmutter übergeben und diese angewiesen, sie nicht aus dem Haus zu lassen.

Als Annie schließlich zu den beiden Gefangenen vorgedrungen war, fand sie sie in einem beklagenswerten Zustand. Mildred heulte, Helen war bleich und erstarrt und hatte weder gegessen noch geschlafen.

Am Nachmittag tauchte einer der alarmierten Freunde auf, Ed Chamberlin, der für den Bostoner *Transcript* arbeitete, ein Zeitungsmensch also. Mr. Gilman sah sich genötigt, Helen und Mildred freizugeben.

Gilmans Coup war gescheitert. Er hatte nicht damit gerechnet, dass die Bindung zwischen Annie und Helen so stark war und die beiden so gute Freunde hatten.

Chamberlin nahm Annie, Helen und Mildred zu sich nach Hause. Er lebte mit seiner Familie in Wrentham, nicht weit von Boston, und so kamen dann im letzten Akt der Intrige außer dem Bösewicht alle handelnden Personen bei den Chamberlins auf Red Farm zusammen, Kate Keller, die den nächsten Zug nach Norden genommen hatte, nachdem sie Anne Sullivans Telegramm bekommen hatte, und John Hitz als Abgesandter Graham Bells. Hitz, ein alter Herr mit langem weißen Bart, war Vorsitzender des Volta-Büros für Gehörlose und für Helen und Annie so etwas wie ein Vater geworden. Er war es, der eines Tages mit Annie nach Feeding Hills fuhr, wo sie inkognito Erkundigungen über ihre Familie einzogen.

Man saß um den Kamin herum, Helen und Annie erleichtert nach überstandenen Schrecken, Kate Keller vermutlich etwas beschämt wegen ihres Telegramms an Gilman, nun, da sie sich mit eigenen Augen davon überzeugen konnte, dass der Schulleiter gelogen hatte, als er ihr schrieb, Helen sei überarbeitet und schwer angeschlagen.

XVII

Mildred fuhr mit ihrer Mutter nach Tuscumbia zurück. Annie und Helen blieben auf Red Farm bei den Chamberlins.

Annie, die vielleicht das Gefühl hatte, dass Gilmans Vorwürfe nicht ganz aus der Luft gegriffen waren, scheint sich entschlossen zu haben, Helen mehr Raum zu geben: »Sie hörte auf, mich wie ein Kind zu behandeln, das heißt, sie erteilte mir keine Befehle mehr.«

Es war eine glückliche Zeit für beide. Die Chamberlins hatten viele Freunde, aus Boston kamen Dichter, Schriftsteller und Maler zu Besuch, Annie konnte über Bücher reden und sie fühlte sich angenommen. Sie verstand und wurde verstanden, ihre Depressionen lösten sich auf: »Es war bewegend, was ein bisschen Takt, Geduld und Humor ausrichten konnten, um die Falten ihrer Seele zu glätten.«

Helen wurde von einem Privatlehrer unterrichtet, der das Fingeralphabet nicht beherrschte. Wieder einmal musste Annie dolmetschen, aber diesmal war das Leben nicht nur Mühe und Arbeit. Solange noch Winter war, machten sie Schlittenfahrten und später, als es wärmer wurde, lange Wanderungen um den See, an dem die

Farm lag; und manchmal ritten sie zusammen aus, Helens Pferd an einer Sicherheitsleine, die ein Reitknecht für den Fall der Fälle zusammen mit seinen Zügeln in den Händen hielt. Wahrscheinlich ritt Annie lieber alleine, denn sie liebte die wilden Ritte und die schwierigen Pferde, und sie gab nur zu, dass sie gestürzt war, wenn sie es nicht verheimlichen konnte, weil sie blutete.

Im Sommer schwammen sie im See, Helen mit einem langen Seil um die Taille.

Schwimmen und Rudern hatte sie schon als kleines Mädchen gelernt: »Nichts macht mir mehr Vergnügen, als die Freunde, die zu Besuch kommen, auf den Fluss hinauszurudern. Meistens sitzt jemand am Steuer, während ich rudere. Manchmal rudere ich aber ohne Steuer und bewege mich entlang der Seerosen und Wasserlilien oder der Büsche, die das Ufer säumen. Ich benutze Ruder mit Lederriemen, durch die sie in ihrer Lage festgehalten werden, und merke am Widerstand des Wassers, wann sich die Ruder im Gleichgewicht befinden … Ich kenne nichts Erfrischenderes als wenn mein kleines festes Boot, meinem Willen und meiner Kraft gehorchend, leicht über die glitzernden, auf und ab tanzenden Wellen schießt und ich das beständige, unwiderstehliche Anprallen des Wassers spüre«.

Jemand schenkte Helen ein Tandem, so dass sie zusammen mit Annie Radtouren machen konnte, und ihr Gastgeber führte sie auf der Farm herum und erzählte ihr von den alten Bäumen, Eichen und Linden. Sie erkannte sie daran, wie die Borke sich anfühlte und wie die Blätter geformt waren … »Ich hatte eine Baumfreundin … eine Linde, die beim Hoftor von Red Farm wuchs. Eines Nachmittags, während eines furchtbaren Gewitters, spürte ich einen heftigen Krach an der Hauswand und wusste, noch ehe es mir jemand sagte, dass die Linde gestürzt war. Mein Herz blutete, als ich sie, die so vielen Stürmen widerstanden hatte, am Boden hingestreckt wusste.«

Im Schlaf geschah es, dass sie »das Getrappel von vielen Wassern« hörte, und manchmal besucht sie »ein wunderbares Licht … Ich schaue und schaue, bis es verschwindet«.

Im Hochsommer verrückte ihr der Duft des frisch gemähten Heus »das Hier und Jetzt« … »Ich bin wieder in der alten roten Scheune. Meine kleinen Freunde und ich spielen im Heuhaufen. Es ist ein riesiger Haufen von frischem, süßem Heu, und von seiner Höhe kann das kleinste Kind die Dachsparren erreichen. Unten in den Ställen stehen die Tiere der Farm. Da ist Jerry, der sture, unschöne Jerry, der seinen Hafer mampft wie ein echter Pessimist, fest entschlossen, ihn nicht gut zu finden, jedenfalls nicht so gut, wie er eigentlich sein sollte. Ich streichle Brownie wieder, den eifrigen, dankbaren kleinen Brownie, der immer bereit ist, das saftigste Futter zu verlassen, um gestreichelt zu werden.«

XVIII

Im Juni 1899 bestand Helen Keller die Aufnahmeprüfung für das Radcliffe College.

Anfang Juli hielt sie die Studienzulassung in Händen, musste sich aber von der Dekanin, Agnes Irwin, sagen lassen, dass sie bei Radcliffe nicht willkommen war.

Zwei andere Universitäten luden Helen Keller ein, und es sprach einiges dafür, dass sie annahm. In Boston und Cambridge hatten sie und Anne Sullivan schon viele Feinde, einerseits, weil Neid und Missgunst offenbar auch vor einem blinden und tauben Mädchen nicht Halt machen, andererseits aber weil Anne Sullivan so manchen vor den Kopf gestoßen hatte. »Sie konnte«, schrieb Helen Keller über sie, »starr und hochmütig sein. Es war für sie eine Frage der Ehre, den Menschen, die anderer Ansicht waren, ihre Argumente einzuhämmern, anstatt dass sie den Versuch machte, sie mit Taktgefühl zu überzeugen.«

Ein Jahr nachdem sie die Studienzulassung erhalten hatte, begann Helen Keller schließlich doch am Radcliffe College zu studieren, trotz oder wegen aller Widerstände. Als sie später gefragt wurde, warum es denn ausgerechnet das Radcliffe College sein musste, antwortete sie, ohne zu zögern: »Weil sie mich nicht wollten.«

Helen Keller war zwanzig Jahre alt und wollte etwas beweisen. Sie wollte beweisen, dass sie wie alle anderen war, dass sie dazugehörte.

Ihr Englischprofessor, Charles Copeland, von den Studenten liebevoll Copey genannt, muss etwas davon aus ihren Referaten herausgelesen haben. Er sagte ihr, wenn sie aufhörte, so zu tun, als sei sie wie alle anderen, und stattdessen über das Leben aus *ihrer* Sicht schriebe, könnte sie vielleicht etwas zustande bringen, das ihn interessierte.

Sie fing an, über ihre Kindheit zu schreiben.

Copeland gab ihre Arbeiten an das *Ladies Home Journal* weiter. Ohne ihr Wissen.

Die Zeitschrift schickt einen Redakteur mit einem Vertrag ins College. Helen Keller wird ein Honorar von dreitausend Dollar für ihre Lebensgeschichte in Fortsetzungen geboten. Das Honorar gilt nur für die Zeitschriftenrechte. Die Buchrechte bleiben bei der Autorin.

Helen Keller unterzeichnet. Und merkt bald, dass sie sich übernommen hat. Sie befindet sich mitten im Studium. Annie muss wie immer dolmetschen, muss ihr alles, was sie nicht selber lesen kann, weil es keine Braille-Fassung gibt, in die Hand buchstabieren, muss mit schmerzenden Augen, deren Sehkraft immer mehr nachlässt, Vokabeln nachschlagen, die sie nicht versteht und die ihr nichts bedeuten – und nun muss sie Helen auch noch helfen, das Material für ihre Lebensgeschichte zusammenzubringen, die *Ladies Home Journal* schon zu veröffentlichen begonnen hat, obwohl sie noch längst nicht zu Ende geschrieben ist.

Es ist aus mit den Vergnügungen. Keine Schlittenfahrten mehr, keine Wanderungen, keine Ausritte, keine Radtouren. Nur noch Arbeit. »Die Worte rasten durch meine Hand wie Jagdhunde auf der Spur eines Hasen, den sie immer wieder verlieren.«

Harte Arbeit – für nichts. Das Studium hatte nichts mit dem zu tun, was Helen Keller sich erträumt hatte. Es war so enttäuschend, dass sie sogar in ihrer Lebensgeschichte davon schrieb, obwohl sie wusste, dass sie das College noch weitere zwei Jahre besuchen würde und die *Mumien* ihre für ihre Verhältnisse ungewöhnlich deutlichen Worte höchstwahrscheinlich zu Gesicht bekommen und ihr das Leben noch schwerer machen würden … »Das College ist nicht das universale Athen, für das ich es gehalten hatte. Man tritt hier nicht den großen weisen Männern Auge in Auge gegenüber, man fühlt nicht ihren belebenden Atem. Sie sind zwar anwesend, aber sie scheinen mumifiziert zu sein … Mir scheint, viele Wissenschaftler vergessen, dass unsere Freude an den großen Werken der Literatur mehr von der Tiefe unseres Mitempfindens als von der Schärfe unseres Verstandes abhängt.«

Auch Anne Sullivan sah es später so, dass Helen und sie sich diese vier Jahre lang umsonst geschunden hatten: »Dass Helen unter so schwierigen Umständen ihr Examen gemacht hat, war wichtig für sie. Aber im Hinblick auf ihre Ausbildung betrachte ich diese vier Jahre im College als Zeitverschwendung, abgesehen von dem Dienst, den Charles T. Copeland ihr erwiesen hat.«

Ein Buch zu schreiben über das eigene schwierige Leben ist allein für sich schon ein Kraftakt, der nur wenigen Menschen gelingt. Ein solches Buch zu schreiben *und* gleichzeitig zu studieren, ginge über die Kräfte der meisten Menschen, die sehen und hören können; und hier ist Helen Keller, sieht nichts, hört nichts, aber studiert in einer Zeit, in der Frauen ihren Platz zu Hause haben, und schreibt zugleich über ihr Leben als Eingesperrte, die mittels der Sprache einen Weg nach draußen gefunden hat. Nicht zufällig taucht in dieser Lebensgeschichte wieder und wieder das Bild des Vogels auf, obwohl die Autorin sich nicht daran erinnern kann, jemals einen Vogel gesehen oder gehört zu haben … aber sie kennt die Namen der Vögel, ihre pickenden Schnäbel und den Lufthauch ihrer Flügel – sie sind das Symbol der Freiheit für sie, der Freiheit und der Phantasie, ihrer »schweigenden Arbeiterin«, ohne die ihr auch die Sprache nicht aus dem Körper-Käfig hätte heraushelfen können.

Auch die Kraft dieser beiden kraftvollen Frauen ist nicht unerschöpflich. Auf ihnen lastet ein ungeheurer Druck. Auf Helen zusätzlich das Gefühl der Vergeblichkeit, gegen das sie immer wieder ankämpfen muss … »Ich nehme an, jeder hat schon einmal die frustrierende Erfahrung gemacht, wie das ist, im Traum etwas zu suchen, das man in diesem Augenblick unbedingt braucht, und kennt das Gefühl von Schmerz und Müdigkeit, das jedem fehlgeschlagenen Versuch folgt, das Gesuchte aufzuspüren. Manchmal klettere ich mit einem summenden Schwindelgefühl im Kopf höher und höher, ohne zu wissen, wohin oder warum. Und doch kann ich das qualvolle, leidenschaftliche Bemühen nicht aufgeben, obwohl ich wieder und wieder die Hand blindlings nach etwas zum Festhalten ausstrecke. Widersinnig, wie Träume sind, ist natürlich nichts dergleichen da. Ich greife in die leere Luft, und dann falle ich, tiefer und immer tiefer, und mitten im Fallen löse ich mich in der Atmosphäre auf, auf der ich mich so unsicher bewegt habe.«

So manches Mal muss der Herausgeber von *Ladies Home Journal* um seine nächste Ausgabe bangen, Telegramme gehen hin und her, Helen und Annie holen das Letzte aus sich heraus, der Herausgeber hat, wie er später berichtet, das Gefühl, durch die Hölle zu gehen.

Helen und Annie brauchen Hilfe.

Eine Freundin macht sie mit John Macy, einem jungen Harvard-Lehrer, bekannt.

John Macy lernt das Fingeralphabet und beginnt Helen »vorzulesen«, was sie bisher geschrieben hat.

Jetzt arbeiten sie zu dritt an den Fortsetzungen von Helens Lebensgeschichte. John Macy, der später ein in den USA bekannter Literaturkritiker sein wird und Einfühlungsvermögen und ein Gespür für Sprache besitzt, hilft Helen dabei, ihr Material zu arrangieren und eine Form zu finden.

Helen Keller hatte ein ausgezeichnetes Gedächtnis, aber mit einem guten Gedächtnis allein ist das Wunder dieses Buches, das auch heute, hundert Jahre nach seinem Erscheinen, noch immer lebendig und lesenswert ist, nicht zu erklären. Unvorstellbar, was es bedeutet, zu schreiben, ohne das Geschriebene sogleich wieder lesen (und verändern) zu können. Helen Keller musste alles im Kopf haben, den Rhythmus der Sätze, ihre Wortwahl, ihre Bilder, den ganzen Zusammenhang, musste das Vorher und Nachher mitdenken, konnte sich erst vergewissern, ob sie gesagt hatte, was sie sagen wollte, wenn sie schon wieder »draußen«, der Text ihr fremd geworden war.

Als Buch erschien *The Story of My Life* im März 1902. Abgesehen von Helen Kellers Lebensgeschichte enthielt es eine Auswahl von ihren Briefen, die mit einem Brief an jenen Charles T. Copeland endet, der ihr das Schreiben aus *ihrer* Sicht abverlangt hatte: »… Als ich im Oktober in Ihre Klasse kam, versuchte ich mit allen Kräften, wie alle anderen zu sein, meine Behinderung und besonderen Lebensumstände so gut es ging zu vergessen. Jetzt aber sehe ich, wie töricht es ist, seinen Wagen an einen Stern zu spannen, mit einem Geschirr, das nicht passt. Ich habe anderer Leute Eindrücke und Beobachtungen immer als allgemein gültig betrachtet. Es kam mir nie in den Sinn, dass es vielleicht der Mühe wert wäre, meine eigenen Beobachtungen zu machen und meine eigenen Eindrücke zu beschreiben. Von jetzt an will ich ich selbst sein, mein eigenes Leben leben und über meine eigenen Gedanken schreiben, wenn ich welche habe …«

Der Verleger und John Macy hatten Anne Sullivan dazu überredet, eine Auswahl ihrer Briefe an Sophia Hopkins und Auszüge aus ihren Berichten für das Perkins-Institut zur Verfügung zu stellen. Auf diese Weise blieb wenigstens ein Teil von Anne Sullivans Briefen an Sophia Hopkins erhalten, der Rest ging verloren, weil es durch das Dach regnete, unter dem er gelagert wurde.

Es gab eine Flut von Rezensionen und Briefen. Und es gab Kritik. Man warf Helen Keller vor, sie schreibe über Dinge, die sie nicht wissen könne. »Wenn man sie wie weniger leidende Sterbliche beurteilen würde, müsste man einen Großteil von Miss Kellers Autobiographie gewissenlos nennen.«

XIX

Wir wissen nicht, wann Helen Keller merkte, dass etwas vorging zwischen Anne Sullivan und John Macy, etwas, von dem sie ausgeschlossen war.

Vermutlich ist sie immer oder fast immer dabei, wenn die beiden zusammen sind, und auch wenn sie die Blicke, die sich treffen, nicht sehen, die Stimmen, die sich verändern, wenn sie zueinander reden, nicht hören kann, wird ihr nicht lange verborgen bleiben, dass es Augenblicke gibt, in denen »Teacher« nicht so für sie da ist wie sonst. Sie ist Anfang zwanzig und kennt die Liebe zwischen Männern und Frauen nur aus Büchern, aber sie spürt das veränderte Klima, »Teachers« freudigen Schritt, wenn John kommt, und vielleicht ahnt sie schon, bevor Annie selbst es weiß, dass sie wird teilen müssen.

Sie wird sich mit ihrer Eifersucht und ihrem Neid in jenen »inneren Bereich« zurückgezogen haben, den sie offenbar, anders als Anne Sullivan, besaß.

Beide, sowohl Anne Sullivan als auch John Macy, werden darauf geachtet haben, dass sie sich nicht ausgeschlossen fühlte, und sie selber, die später so sehnsüchtig schrieb, »wenn ich sehen könnte, würde ich vor allem heiraten«, gab sich alle Mühe, sich in die Situation hineinzufinden: »Alles besitzt sein Wunderbares, selbst Dunkelheit und Stille, und ich lerne mich unter allen Umständen mit meiner Lage abzufinden. Manchmal allerdings befällt mich ein Gefühl der Vereinsamung wie ein kalter Nebel, wenn ich allein bin und wartend vor dem geschlossenen Tor des Lebens sitze. Da drinnen ist Licht und Musik und heitere Geselligkeit; aber mir ist der Eintritt verwehrt. Das Schicksal versperrt mir schweigend, erbarmungslos den Weg. Gern würde ich mit ihm hadern, denn mein Herz ist noch ungebärdig und leidenschaftlich; aber meine Zunge will die bitteren, sinnlosen Worte, die sich mir aufdrängen, nicht aussprechen, und sie sinken in mein Herz zurück wie unvergossene Tränen. Schweigen lagert über meiner Seele. Dann naht die Hoffnung mit einem Lächeln und flüstert mir zu: ›Auch im Selbstvergessen liegt Genuss.‹«

Helens »andere Hälfte« plagt sich mit einem schlechten Gewissen herum, kommt sich wie eine Verräterin vor, beschließt, John Macys Liebe nicht zu erwidern, und fühlt sich dennoch hingezogen zu ihm. Sie haben so vieles gemeinsam, die Leidenschaft für Sprache, die Liebe zur Literatur und Helen.

Als John Macy Anne Sullivan fragt, ob sie ihn heiraten wolle, denkt sie wahrscheinlich als Erstes an Helen. Sie sagt ihm, dass sie Helen nicht verlassen kann. Er versichert ihr, dass er das nicht von ihr erwartet. Sie ist trotzdem im Zwiespalt. Hin und her gerissen zwischen ihrer Liebe und allem, was ihr entgegensteht.

John Macy ist elf Jahre jünger als sie. Sie ist Ende dreißig, es ist nicht das erste Mal, dass sie sich verliebt hat, aber, soviel wir wissen, das erste Mal, dass es ernst wird. Sie hat selbst wahrscheinlich noch keine sexuellen Erfahrungen gemacht, aber viel gehört, damals im Armenhaus von Tewksbury. Die Mädchen, die sie dort kannte, geschwängert und sitzen gelassen, fast alle durch einen Mann ins Unglück gestürzt. Und wenn sie auch nicht darüber gesprochen hat, so muss sie das Schicksal ihrer Mutter doch immer vor Augen gehabt haben. Und im Herzen die Überzeugung, dass von Männern nichts Gutes zu erwarten ist. Und so wird sie jeden Mann, der sich ihr genähert hat, weggebissen haben.

John Macy ließ sich nicht so einfach vertreiben. Er arbeitete mit Helen und für Helen und begegnete Annie mit Humor und Geduld, wenn sie starr und abweisend wurde. Sie nahm seinen Antrag an. Dann machte sie einen Rückzieher. Dann nahm sie von neuem an.

Helen Keller und Anne Sullivan hatten ein Farmhaus in Wrentham gekauft, jenem Dorf bei Boston, in dem sie beide als Gäste der Chamberlins so glücklich gewesen waren. Ein Farmhaus mit sieben Morgen Land, eine Stunde Straßenbahnfahrt von Boston entfernt.

Seile und Drähte werden gespannt, damit Helen sich allein bewegen kann. Die Arbeit an ihrer Lebensgeschichte liegt hinter ihr, doch ist der Druck nicht gewichen: Sie hat das Studium noch nicht beendet.

Sie ist vierundzwanzig Jahre alt und weltberühmt, als sie *cum laude* abschließt. Bei der Prüfung wird ihr nichts geschenkt. Radcliffe wird erst viele Jahre später stolz sein auf diese Studentin.

Auch nachdem die Abschlussprüfung hinter ihnen lag, zögerte Annie weiter, ob sie nun heiraten solle oder nicht.

»Eines Abends, nachdem wir von einer Veranstaltung in Boston zurückgekommen waren, bei der ich für die Sache der Blinden gesprochen und John gedolmetscht hatte, saß ich in ihrem Zimmer, und sie sagte mir, wie hübsch und anmutig ich ausgesehen hatte, als ich vor dem Publikum stand, und verkündete, dass sie niemals heiraten werde. ›Oh Teacher‹, rief ich aus, ›wenn du John liebst und ihn gehen lässt, werde ich mir wie ein grässliches Hindernis vorkommen!‹«

Anne Sullivan und John Macy heirateten am 2. Mai 1905 im Wohnzimmer des Hauses in Wrentham. Sie war neununddreißig Jahre alt, er achtundzwanzig. Helen Keller war Brautjungfer, die einzige.

Zur Hochzeit kamen Sophia Hopkins, »Pflegevater« John Hitz, Kate Keller, die Freunde, die John zu Annie und Helen gebracht hatten, und Macys Familie.

Wenn Helen Keller jetzt darauf angesprochen wurde, ob sie nicht eifersüchtig sei, sagte sie, nein, sie habe nicht einen Menschen verloren, sondern noch einen Menschen hinzugewonnen.

Annie führte ein offenes Haus. Sophia Hopkins kam für Monate zu Besuch, ebenso Kate Keller und John Hitz. Helen war nicht allein, es war immer jemand da, aber sie musste ihre »andere Hälfte« teilen. Sie war nicht mehr das kleine Mädchen, das um sich schlug, wenn ihr etwas nicht passte. Sie hatte angefangen zu lernen, dass »Glück die letzte und vollkommene Frucht des Gehorsams gegenüber den Gesetzen des Lebens« ist, und sie war bereit, sich diesen »Gesetzen des Lebens« zu beugen und Platz zu machen für John, der seit der Heirat kein Besucher mehr war, einer, der kam, aber auch wieder ging, sondern jemand, der ständig da war, ein Mitbewohner.

Sie war fünfundzwanzig Jahre alt und in ständigem körperlichen Kontakt mit ihm, der nur drei Jahre älter war als sie und vielleicht gut roch und sich vielleicht gut anfühlte, aber »Teachers« Mann war.

Helen Keller wusste, dass sie dem Ehepaar Raum geben musste, einen Raum, in dem sich die beiden treffen konnten, ohne sie, allein miteinander. Sie wird klaglos zurückgeblieben sein und zäh darum gerungen haben, in Kontakt zu bleiben, auch ohne Annie. Sich nicht abgeschnitten fühlen (wollen), auf die Schritte der Hausbewohner »horchen«. Sie kennt sie alle und kann sie voneinander unterscheiden. Die Füße auf dem Boden, nimmt sie die verschiedenen Schwingungen wahr. »Schritte unterscheiden sich taktmäßig je nach dem Alter, dem Geschlecht und dem Charakter der Gehenden. Es ist unmöglich, das Getrappel eines Kindes mit dem Schritt eines Erwachsenen zu verwechseln. Der starke, freie Schritt eines jungen Mannes unterscheidet sich von dem schweren, bedächtigen Schritt eines Mannes in mittleren Jahren und von dem Gang eines alten Mannes, dessen Füße über den Boden schlurfen oder ihn langsam und strauchelnd berühren. Über einen blanken Fußboden schreitet ein Mädchen mit einem schnellen, elastischen Rhythmus, der von dem schweren Schritt einer älteren Frau ganz verschieden ist. Ich habe gelacht über das Knarren neuer Schuhe und das Getrampel einer dicken Köchin, die einen Hopser in der Küche tanzte. Eines Tages erregte eine Dissonanz im Speisesaal eines Hotels meine Aufmerksamkeit. Ich saß still und horchte mit meinen Füßen. Da merkte ich, dass zwei Kellner hin und her gingen, aber nicht im gleichen Schritt. Ein Orchester spielte, und ich konnte die musikalischen Wellen fühlen, wie sie über den Boden flossen. Der eine von den Kellnern ging nach dem Takt der Musik, anmutig und leicht, während der andere nicht auf die Musik achtete und nach dem falschen Rhythmus eines Missklangs in seinem Innern von Tisch zu Tisch eilte.«

Täglich Berge von Post, Schulkinder schrieben, Eltern suchten Rat, jeder wollte etwas. Helen Keller war zur amerikanischen Ikone geworden. Als sie im Jahre 1904 in St. Louis aufgetreten war, um für die Ausbildung von Taubblinden zu werben, waren die Menschen in Massen gekommen, um sie zu sehen. Sie und Annie hatten sich einen Weg durch die Menge bahnen müssen, sie weiß und Annie schwarz gekleidet, und als sie die Tribüne erreichten, war ihr Kleid zerrissen und an ihrem Hut fehlten einige Rosen.

Als John und Annie heirateten, war Helen Keller zwar schon berühmt, aber John konnte damals (noch) nicht ahnen, was das bedeutete. Später klagte er: »Helen Keller ist weniger ein Mensch als vielmehr eine Institution geworden.«

Er las ihr vor, er beriet sie weiter bei ihrer literarischen Arbeit, er las Annie vor, deren Augen sich nicht erholt hatten von den Anstrengungen während des Studiums, und er half ihr mit Humor über ihre Anfälle von Melancholie hinweg. »Sie hatte sich eine etwas größere Selbstbeherrschung angeeignet und ihre düsteren Stimmungen im Griff wie ein Tierbändiger, aber hin und wieder hörte sie sie knurren, und dann vertrieb John sie.«

John Macy war noch keine dreißig Jahre alt und musste sehr viel geben. Viel geben und ständig Rücksicht nehmen. Die Besucher zum Teil alt und gebrechlich, Helen vollkommen abhängig, Annie halb blind, alles andere als ausgeglichen, mit beständig wechselnden Stimmungen. »Schlichte Gemüter waren oft irritiert von dem Schillernden, Unberechenbaren in Teachers Wesen … und auch kluge Leute konnten die Strömungen ihres Naturells nicht immer richtig einschätzen.«

Auch John Macy wird oft nicht gewusst haben, woran er war mit dieser Frau, die sich mal sehnlichst ein Kind von ihm wünschte und dann wieder deutlich machte, dass ihr nichts so wichtig war wie Helen.

Das Ehepaar Macy wird wenig Zeit füreinander gehabt haben. Helen arbeitete an einem neuen Buch, *The World I Live In (Die Welt, in der ich lebe)*, John schrieb an einer Biographie über Edgar Allan Poe und engagierte sich politisch. Er wurde Sozialist, in den Vereinigten Staaten jener Zeit eine Entscheidung, mit der man die gesellschaftliche Ächtung in Kauf nahm. Als Helen Keller sich schließlich ebenfalls zum Sozialismus bekannte, rettete die amerikanische Öffentlichkeit ihre Ikone, indem sie sie als Verführte betrachtete, als Opfer des Ehepaars Macy, »die arme kleine Helen Keller«, und ein einflussreicher Gönner und Freund schrieb der fast Dreißigjährigen, er würde ihr gerne den Hintern versohlen.

Jahre später, in einer Rede gegen den Kriegseintritt der USA, versuchte Helen Keller klarzustellen, dass sie allein verantwortlich war für ihre politische Haltung: »Es gibt Leute, die mich bemitleiden, weil sie glauben, ich sei in den Händen skrupelloser Menschen, die mich irreführen, dazu überredet haben, eine unpopuläre

Sache zu vertreten, und zu ihrem Sprachrohr machen. Ich möchte ein für alle Mal klarstellen, dass ich dieses Mitleid nicht will ... Ich weiß, wovon ich rede. Meine Informationsquellen sind genauso gut und zuverlässig wie die anderer Leute. Ich habe Zeitungen aus England, Frankreich, Deutschland und Österreich, die ich selber lesen kann. Das können nicht alle mir bekannten Redakteure von sich sagen. Viele müssen mit Französisch und Deutsch aus zweiter Hand vorlieb nehmen.«

Im Jahre 1909 trat Helen Keller der Sozialistischen Partei bei. Es war dasselbe Jahr, in dem John Macy ein Haus in Brunswick, Maine, kaufte. Er wollte weg von Wrentham, als könnte ein Ortswechsel noch etwas retten.

Wir wissen nicht, was im Einzelnen geschehen ist. Die Beteiligten haben sich darüber ausgeschwiegen, sich erfolgreich einen kleinen Rest Privatleben bewahrt. Es wird ihm alles zu viel geworden sein, und wenn er auch als sanft und einfühlsam geschildert wird, so muss es doch Szenen gegeben haben, die das Haus in Wrentham später für Helen und Annie unbewohnbar machten. Szenen zwischen Annie und John, von denen Helen zwar nichts sah und nichts hörte, deren Schwingungen sie jedoch ausgeliefert war wie immer und überall, drinnen und draußen. »Neulich ging ich auf einen mir vertrauten Wald zu. Plötzlich ließ ein störender Geruch mich verdrießlich stillstehen. Dann folgte ein eigentümliches taktmäßiges Schwirren und diesem ein schwerer, dumpfer Donner. Ich verstand den Geruch und die Erschütterung nur zu gut. Die Bäume wurden gefällt. Wir kletterten auf den Steinwall zur Linken; er begrenzt den Wald, den ich so lange geliebt habe, dass ich das Gefühl habe, er gehört mir. An diesem Tag jedoch sagten mir ein bis dahin unbekanntes Rauschen der Luft und eine ungewohnte Flut von Sonnenwärme, dass meine Freunde, die Bäume, fort waren. Der Platz war leer wie eine verlassene Wohnung. Ich streckte die Hand aus. Wo einst die fest verwurzelten Fichten standen, groß, schön, duftend, berührte meine Hand jetzt raue, feuchte Stümpfe. Ringsherum lagen zerbrochene Äste wie Geweihe getöteter Hirsche.«

In der Zeit vor der Trennung wird Helen auf sich selbst zurückgeworfen, sich selbst überlassen geblieben sein, wenn Annie eine Depression durchmachte. »Dann konnte sie nicht einmal mehr die herzliche Zuwendung ihrer engsten Freunde erwidern. Sie floh vor ihnen in den Wald, oder wenn sie in der Nähe des Wassers war, versteckte sie sich stundenlang unter einem Boot am Ufer. Aber dann kam sie zu ihren Freunden zurück und entschuldigte sich.«

Anne Sullivan und John Macy waren sieben Jahre verheiratet, als in Schenectady im Staate New York ein Sozialist in das Amt des Bürgermeisters gewählt wurde und einen Sekretär brauchte.

John Macy nutzte die Gelegenheit, Abstand zu gewinnen. Er ging nach Schenectady, Annie und Helen blieben in Wrentham zurück.

Nachdem er fort war, wurde Annie krank. Wir wissen nicht, was das für eine Krankheit war, die sie befallen hatte – sie musste operiert werden und war dem Tode nahe, zu schwach, um Helen zum Abschied in die Hand zu buchstabieren.

Helen, die sich nicht allein versorgen konnte, wurde zu Freunden nach Washington gebracht. Es waren dieselben Freunde, Lenore Smith und ihr Mann, die sie zehn Jahre zuvor mit John Macy bekannt gemacht hatten.

Offenbar war nicht nur Annie krank an Leib und Seele, auch Helen hatte ihrer Verzweiflung nichts entgegenzusetzen: »Ich bin ein ewiger Bremsklotz, eine Belastung, ein Hindernis, ein Schmarotzer … eine Ruhestörerin, bringe alle Pläne durcheinander, bin eine fürchterliche Last.«

John Macy gab seine Stellung in Schenectady auf und kehrte nach Wrentham zurück. Annie erholte sich. Einen Monat nach ihrer Abreise war Helen wieder zu Hause.

Helens Mutter kam aus Alabama, John Macy reiste nach Europa. Annies Augen waren so schlecht, dass sie sich nicht einmal mit Lesen trösten konnte. Sie versuchte die Leere mit Essen aufzufüllen und ging in die Breite.

Nachdem Helen Keller schon im Vorjahr vereinzelt Vorträge gehalten hatte, die von Anne Sullivan Macy »übersetzt« worden waren, gingen die beiden Frauen Anfang 1914, von Kate Keller begleitet, auf eine Vortragstournee durch die Vereinigten Staaten.

Annie, Helen und John wechselten Briefe, doch als das Jahr zu Ende ging, musste Annie sich eingestehen, dass sie ihren Mann verloren hatte … »Ende 1914 machte Teacher ihren größten Kummer durch. Immer wieder verlangte sie meine Liebe auf herzzerreißende Weise. Tagelang schloss sie sich wie betäubt ein und dachte sich alle möglichen Pläne aus, die John zurückbringen sollten, oder sie weinte, wie nur Frauen weinen, die nicht mehr gehegt werden.«

XX

John war gegangen. Die beiden Frauen waren wieder allein miteinander. »Unsere Herzen«, schrieb Helen an einen Freund, »sind so leer wie das Nest vom letzten Jahr.«

Helen und Annie brauchten Hilfe. Es gab viele Menschen, die sich anboten, aber keiner von ihnen war dem Alltag gewachsen. Was Helen und Annie brauchten, war keine Anbeterin, sondern eine handfeste Person, die sich um all das kümmerte, wofür man Augen und Ohren braucht.

Ende 1914 stellten sie eine junge Schottin aus Glasgow ein, Polly Thomson, die Verwandte in der Nähe von Boston besuchte und in den Vereinigten Staaten bleiben wollte.

Polly Thomson war stabil und beherrscht und bereit, das Fingeralphabet zu lernen. Für Literatur interessierte sie sich nicht, und Sprache war für sie kein Wunder, aber sie konnte Fahrpläne und Stadtpläne und Landkarten lesen, den Haushalt führen und selber kochen, wenn es nötig war, sie konnte Annie vorlesen, Leute am Telefon oder an der Haustür abwimmeln und Helen und Annie durch den Verkehr führen.

Heute haben ihre Bücher Millionenauflagen in aller

Welt, aber damals reichte das, was Helen Keller mit Schreiben verdiente, nicht für ihren und Annies Lebensunterhalt, und so mussten sie Geld mit *Reden* verdienen.

Am Ende der ersten Tour hatte Kate Keller die beiden nach Wrentham zurückgebracht und war dann nach Montgomery, Alabama gefahren, wo sie bei ihrer mittlerweile verheirateten Tochter Mildred lebte.

Bei der nächsten Tour kam Polly Thomson mit.

Ihre erste Rede hatte Helen Keller im Februar 1913 in Montclair, New Jersey, gehalten, immer mit dieser Stimme, von der sie nicht wusste, wie sie klang, nur wusste, dass Annie »übersetzen« musste … »Angst und Grauen erfüllten mich bis ins Innerste. Mein Gehirn war wie eingefroren.« Trotzdem redete sie. Und hatte das Gefühl, aus ihrer Kehle komme eine Explosion. Auch Menschen, die sehen und hören können, fürchten sich davor, öffentlich zu reden, manche so sehr, dass ihnen die Stimme wegbleibt; das ist peinlich, aber man weiß doch wenigstens, was geschieht, man hört es. Helen Keller hört nichts. Später sagt man ihr, das, was ihr wie eine Explosion vorgekommen sei, sei nur ein Flüstern gewesen. Wenn sie die Stimme hebt, glaubt sie zu quieken, wenn sie versucht, tiefer zu sprechen, fühlt es sich an »wie herunterkrachende Ziegelsteine«.

Doch Helen Keller »kommt an«. Sie hat Ausstrahlung, sie wird zum Publikumsliebling und gehört dem

Publikum schon bald bis in die Kleidung hinein: Man will sie in Weiß sehen, als engelgleiche Erscheinung.

Der Ablauf ist immer der gleiche. Sie redet, Annie übersetzt, dann können Fragen gestellt werden. Man fragt sie, ob sie die Augen schließe, wenn sie schlafe. Sie antwortet, sie sei nie wach geblieben, um das wissen zu können.

Polly Thomson ist zu Besuch bei ihrer Familie in Schottland, als eine dritte Tour durch die USA ansteht. Diesmal geht es nicht um Helen Keller und ihre Befreiung, sondern um den möglichen Kriegseintritt der Staaten: »Ich betrachte die Welt als mein Vaterland, und so ist jeder Krieg für mich so schrecklich wie eine Familienfehde. Für mich besteht wahrer Patriotismus darin, dass die Menschen brüderlich miteinander umgehen und füreinander da sind.«

John Macy empfiehlt einen jungen Mann, der Helen und Annie begleiten und Pollys Aufgaben übernehmen kann. Er heißt Peter Fagan und ist Journalist, ein überzeugter Kriegsgegner und Sozialist.

Die Tour wird ein vollkommener Fehlschlag. Das Land ist auf Krieg eingestellt. Die Leute wollen nichts hören von Helen Kellers Friedensbotschaft. Doch ihr Sekretär verliebt sich in sie. Er ist neunundzwanzig, sie fünfunddreißig Jahre alt. Er hat das Fingeralphabet gelernt wie damals John Macy, um mit ihr reden zu können. Sie sitzen zusammen in Zügen, übernachten zusammen in Hotels, fahren zusammen zu den Versammlungsorten, stehen die Veranstaltungen durch.

Wir wissen nicht, ob Annie merkte, was zwischen Helen und Peter vor sich ging. Sie hielt sich während der Tour nur mühsam aufrecht, sie hustete, sie war krank und sie war verzweifelt, konnte die Trennung von John Macy nicht verwinden. Sie sah fast nichts mehr, ihre Augen schmerzten, sie brauchte alle Kraft, um nicht zusammenzubrechen.

Helen war glücklich. Wieder zu Hause in Wrentham, lebte sie »auf einer kleinen Insel der Freude, umgeben von dunklen Wassern«. Schuldbewusst in heimlicher Seligkeit.

Polly war noch in Schottland, als Annie eine Rippenfellentzündung bekam. Mrs. Keller reiste aus Montgomery an, um sich um Helen zu kümmern. Mrs. Keller mochte Peter Fagan nicht. Sie mochte ihn nicht, weil er Sozialist war, und vielleicht spürte sie auch, dass da etwas war zwischen ihrer Tochter und dem jungen Mann.

Die beiden machten lange Spaziergänge durch die Wälder, Hand in Hand natürlich, Helen musste ja geführt werden; aber vielleicht sah Kate Keller, dass ihre Tochter mit diesem jungen Mann auf eine andere Weise Hand in Hand ging als sonst, wenn sie geführt wurde. Altweibersommer in Massachusetts, goldenes Licht und leuchtende Blätter. Helen Keller kann von all dem nichts sehen, aber sie hat viel inneres Licht, auch wenn sie dies nach außen hin verbergen muss oder glaubt, es verbergen zu müssen vor ihrer missbilligenden Mutter und ihrer kranken Lehrerin, deren Husten nicht besser werden will.

Der Arzt befürchtet, dass Annie Tuberkulose hat. Er rät ihr, in die Berge zu fahren, nach Lake Placid, einem Luftkurort in den Adirondacks im Staate New York.

Peter Fagan macht Helen Keller einen Heiratsantrag. Sie nimmt an, einigt sich jedoch mit Peter darauf, zunächst niemandem etwas zu erzählen. Annie geht es schlecht. Sie hustet sich die Seele aus dem Leib. Und denkt daran, dass ihre Mutter und ihr Bruder an Tuberkulose gestorben sind.

Später schreibt Helen, sie habe in dieser Zeit gelebt »wie im Himmel, eingehüllt in ein Gewebe schillernder Träume«. Doch bringt sie es nicht über sich, »Teacher« zu sagen, dass wieder ein Dritter da ist, aber diesmal einer, der zu ihr gehört. Und vermutlich ist sie nur mit einem Bein im Himmel, mit dem andern jedoch in der Hölle. Sie empfindet Annie gegenüber grenzenlose Dankbarkeit, sie weiß, dass sie ohne Annie nichts von dem erreicht hätte, was sie erreicht hat, sie weiß, was sie ihr »schuldet« – und fühlt sich entsprechend schuldbewusst.

Annie entschließt sich zu einer Kur in Lake Placid. Polly wird sie begleiten, alleine kann sie schon nicht mehr reisen.

Heimlich bestellen Helen Keller und Peter Fagan das Aufgebot.

Doch Helen Keller ist zu berühmt für solche Heimlichkeiten. Sie sitzt in ihrem Zimmer und spürt den entrüsteten Schritt ihrer Mutter, die herbeigeeilt kommt und ihr in die Hand hämmert, was in der Morgenzeitung steht.

Die Mutter fragt, ob es stimmt, dass sie sich verlobt hat, dass sie Peter Fagan heiraten will.

Helen leugnet. Sie sagt, dass es nicht wahr ist. Sie hat am Radcliffe College studiert, hat *cum laude* abgeschlossen, ist Schriftstellerin, eine berühmte Frau, finanziell nicht abhängig von ihrer Mutter, kann rudern, reiten, Fahrrad fahren, schwimmen und darf doch keinen Mann haben, in den Augen ihrer Mutter und in ihren eigenen Augen. Und so leugnet sie ihrer wütenden Mutter gegenüber, streitet ab wie ein Kind, das sich genommen hat, was ihm nicht zusteht.

Sie hat sich aufgelehnt gegen die amerikanische Prüderie, sie hat politisch Stellung bezogen, sie ist für die Rechte der Frauen eingetreten; sie nimmt sich das Recht, den Konventionen nicht zu gehorchen, wenn sie es für richtig hält, und wird doch ihrer wütenden Mutter gegenüber zum Kleinkind.

Kate Keller ist Ende fünfzig, in den Südstaaten erzogen, eine durch und durch konventionelle Frau. Nachdem John Macy Annie verlassen hatte, sagte sie: »Bestimmt hatte Teacher alle möglichen großartigen

Pläne, und ein Mann wie John mit seinen vielseitigen Fähigkeiten hätte ihr bei ihrer Verwirklichung gewiss sehr hilfreich sein können, und nun bricht das Leben, von dem sie träumte, über ihr zusammen.« Als sei der Mann nur ein Vehikel für den eigenen Ehrgeiz und nicht sein Verlust das eigentlich Schmerzliche, sondern der Zusammenbruch der eigenen ehrgeizigen Pläne.

Mrs. Keller fordert von ihrer Tochter, dass sie Annie nichts erzählt. Wahrscheinlich nicht aus Sorge um Annie, sondern weil sie fürchtet, Annie könnte anders reagieren als sie, könnte Helen vielleicht sogar unterstützen.

Kate Keller wirft Peter Fagan hinaus. Und er lässt sich hinauswerfen. Er ist fast dreißig Jahre alt, aber er besteht nicht darauf, mit Helen selber zu sprechen.

Er schreibt ihr einen Braille-Brief, sagt ihr, wo er ist, und bittet sie, ihm zu schreiben. Ein paar Monate lang wechseln die beiden noch *heimlich* Briefe, dann ist es vorbei.

Helen Keller und Peter Fagan haben sich nie wieder gesehen.

XXI

Vermutlich wusste Annie nichts von Helens Liebesgeschichte, als sie mit Polly nach Lake Placid abreiste.

Helen blieb verzweifelt zurück: »Ich weiß nicht, wie ich den Abschiedsschmerz gestern Abend ertragen habe. Als wir zum Wagen gingen, überkam mich plötzlich ein Gefühl von Einsamkeit und namenloser Angst. Es war, als ob ein grausames Schicksal dich mir für immer wegnehmen würde.«

Eine Woche nach Annies und Pollys Abreise fuhr Kate Keller mit Helen nach Montgomery, Alabama.

Die Ärzte in Lake Placid bestätigten den Verdacht auf Tuberkulose. Annie traute ihnen nicht, zweifelte aber nicht an der Diagnose.

Das Wetter war schlecht. Sie fühlte sich einsam und tief erschöpft. Sie mochte ihre Mitpatienten nicht. Das Braille-Schreiben fiel ihr schwer. Sie war aus der Übung, hatte die Schrift seit zwanzig Jahren nicht mehr verwendet. »Du hast«, schrieb sie an Helen, »keine Ahnung, was das für mich bedeutet und wie merkwürdig sich der Griffel in meiner Hand anfühlt, es ist, als ob man mit seinem Zeh ein Loch ins Universum bohren wollte.« Doch es war die einzige

Möglichkeit, unmittelbar mit Helen zu korrespondieren.

Es ist alles ganz furchtbar, da sieht Annie ein Foto von Puerto Rico in einer Zeitschrift. Palmen, Meer, Sonne. Annie kehrt ins Leben zurück: »Polly, wir gehen nach Puerto Rico!«

Das Schiff ist elf Tage unterwegs.

Annie fühlt sich wohl auf der Insel. Ihr ist, als sei sie schon einmal hier gewesen. Alles ist wunderbar. Das Einzige, was ihr fehlt, ist Helen. Wieder und wieder fragt sie, ob sie sie nicht besuchen will.

Helen will, aber ihre Mutter will nicht. Kate Keller hat etwas gegen Puerto Rico. Wir wissen nicht, was. Von Vorurteilen ist die Rede, die Puertorikaner haben keinen guten Ruf. Vielleicht hat Kate Keller auch einfach keine Lust zu reisen.

Helen fügt sich klaglos. Sie lebt mit ihrer Mutter bei ihrer Schwester und deren Mann. Es ist das erste Mal seit ihrer Kindheit, dass sie längere Zeit bei ihrer Familie in den Südstaaten verbringt. »Ich merke, wie anders ich bin als diejenigen, die ich liebe, anders sowohl in meinem Wesen als auch in meinen Anschauungen.«

Annie kennt die Umstände, hat selber unter ihnen gelitten. Die beiden sind nun schon so lange zusammen, dass sie nicht viele Worte brauchen, um sich zu verständigen. »Ich weiß, du kannst bei deiner Familie nicht sagen, was du wirklich denkst.«

Die einzigen Menschen, mit denen Helen unbefangen sein kann, sind die Kinder ihrer Schwester. Das Denken und Fühlen der Südstaatler ist ihr fremd und abstoßend geworden. »Ich habe immer das Gefühl, dass ein Meer liegt zwischen mir und den Menschen hier, ein brackiges Meer von Unwissenheit, Vorurteilen, Kastengeist und Selbstzufriedenheit.«

Helen leidet, Annie ist glücklich. Es ist das erste und das letzte Mal in ihrem Leben, dass sie vollkommen sorglos sein kann. Vier Monate lang. Dann erklären die USA Deutschland den Krieg, und Annie und Polly nehmen das nächste Schiff nach New York City, wo sie von Helen und Kate Keller erwartet werden.

Die vier Frauen fahren nach Wrentham, jedoch nur, um das Haus auszuräumen. Helen und Annie wollen dort nicht mehr wohnen. Vor allem Helen will den »traurigen Erinnerungen« entfliehen.

Den Sommer verbringen sie in einer Hütte am Lake St. Cathérine in Vermont. Im Herbst geht es Annie besser. Sie fährt nach Lake Placid, um sich untersuchen zu lassen. Es stellt sich heraus, dass sie nie Tuberkulose gehabt hat. Eine Verwechslung im Labor hat ihr die unbeschwerteste Zeit ihres Lebens ermöglicht.

XXII

Helen und Annie kauften ein Haus in Forest Hills auf Long Island. Hin und wieder kam John Macy zu Besuch. Er war immer noch mit Annie verheiratet, aber er war nicht mehr ihr Mann.

Annie sah jetzt so schlecht, dass sie Helen auf Spaziergängen nicht mehr führen konnte. Trotzdem kam sie mit, als Helen Geld für die im Krieg erblindeten Soldaten sammelte und von Krankenhaus zu Krankenhaus reiste, um den Männern Mut zuzusprechen. Und sie kam mit und machte mit, als Helen den ersten Varieté-Auftritt vereinbart hatte. Das Rampenlicht schmerzte ihre Augen, etwas, das Helen nicht nachfühlen konnte – ihre Augen schmerzten nicht und Annie klagte nicht.

Die erste Vorstellung im Jahre 1920 in Mount Vernon, nicht weit von New York City. Helen ist vierzig, Annie vierundfünfzig Jahre alt. Vorhang auf: Zu den Klängen von Mendelssohns *Frühlingslied* kommt Annie auf die Bühne, sagt, wer Helen Keller ist, erklärt, wie sie sie unterrichtet hat, und zieht sich zurück. Helen tritt auf. Sie spricht ein paar Minuten lang, dann beantwortet sie Fragen aus dem Publikum. Sie genießt ihre Auftritte, sie spürt, dass sie ankommt, die Bühnenluft belebt sie und sie verdient mehr als ein Filmstar. Ihr

Auftritt dauert nur zwanzig Minuten, und sie haben, anders als bei den Vortragsreisen, keine weiteren Verpflichtungen.

Helen Kellers Anhängerschaft ist entsetzt. Der Engel der Nation zwischen Akrobaten und Dressurnummern! Es hagelt Protestbriefe. Helen Keller bleibt ungerührt. Später schreibt sie: »Es machte mir nichts aus, dass einige überempfindliche Gemüter erschüttert waren.«

Sie ist frei von konventionellen Vorstellungen, extrem abhängig im täglichen Leben, extrem unabhängig in ihrem Denken. Sie setzt sich gegen die Rassendiskriminierung und für die Frauenrechte ein und wehrt sich selbstbewusst gegen ihre Kritiker.

In Toronto bekommt Annie die Grippe. Polly übernimmt. Als sie wieder gesund ist, macht Annie weiter, gibt aber ein paar Monate später auf. Sie hat eine Bronchitis und kann nur noch flüstern. Polly tritt an ihre Stelle.

Nach und nach hat Polly Thomson alles übernommen, was einst Annies Aufgabe war. Es ist schon nicht mehr im öffentlichen Bewusstsein, dass Annie noch bei Helen Keller ist. Zuweilen wird sie, die ja jetzt Mrs. Macy heißt, gefragt: »Und was ist aus Anne Sullivan geworden?«

Reporter verwechseln sie und Polly Thomson, schreiben über Polly Sullivan oder Anne Thomson oder Anne Sullivan Thomson.

Bis zuletzt steht Annie zurück. Selbst als ihr im Jahr

1931 die Ehrendoktorwürde der Temple University in Philadelphia verliehen wird, stürzen sich die Reporter auf Helen. Mit ihr will nur ein Einziger reden. Sie nimmt es mit Humor: »Selbst bei meiner Krönung ist Helen die Königin.«

XXIII

Im Jahre 1929 war Annie das rechte Auge herausoperiert worden. Auf dem Linken hatte sie noch zehn Prozent Sehkraft … »Sie fürchtete, dass sie den Menschen, die für sie sorgten, gänzlich zur Last fallen werde. Da sie sich noch lebhaft an die Dunkelheit erinnerte, in der sie einst gelebt hatte, hatte sie ein leidenschaftliches Verlangen nach Licht und konnte sich nur schwer mit einer Rückkehr in ihr Exil, fern von diesem Licht, abfinden.«

Jetzt ging Helen, die an Blindheit Gewöhnte, viel sicherer als Annie, die dachte, sie könnte noch sehen, und dauernd stolperte. Schwere Depressionen plagten sie. In ihrem Buch *Teacher* schrieb Helen Keller später: »Sie war eines jener sensiblen Gemüter, die sich ihrer Blindheit schämen. Die Behinderung demütigt sie wie ein dummer, selbst verschuldeter Fehler oder ein deformiertes Glied.«

Für den Sommer 1930 haben Helen, Annie und Polly eine Schiffsreise nach Frankreich gebucht. Von dort aus wollen sie nach England, Irland und Schottland fahren. Helen will auch den Feierlichkeiten zu ihrem fünfzigsten Geburtstag entgehen, hat »keine Lust, ein Lächeln aufzusetzen und eine törichte Rede darüber zu halten, wie es ist, sich fünfzig Jahre jung zu fühlen«.

Wenige Stunden vor der Abreise erklärt Annie, dass sie zu Hause bleiben will. Vielleicht fürchtet sie sich vor einer Begegnung mit Irland. Auch wenn sie dort nicht aufgewachsen ist, ist Irland doch das Land ihrer Kindheit.

Alles ist gepackt. Annie weigert sich zu fahren. Alleine bleiben kann sie nicht. Polly muss die Überfahrt stornieren. Beschämt rafft Annie sich auf, fragt nach dem nächsten Schiff.

Die drei Frauen reisen nach Frankreich und weiter nach Cornwall und weiter nach Irland, wo Helen Keller miterlebt, wie ihre mittlerweile vierundsechzigjährige Lehrerin von ihrer Kindheit eingeholt wird. Annie hat ihren Vater nicht mehr gesehen, seitdem er sie auf dem Weg nach Chicago im Armenhaus besucht hat. Er ist schon lange tot, hat sich, auch in Chicago gescheitert, umgebracht, und doch kommt jetzt, nachdem ein halbes Jahrhundert vergangen ist, aus dem Mund der alten Frau heraus, was er dem Mädchen damals eingeblasen hat: ein wilder Hass auf England … »Eine elementare Kraft schien aus ihr hervorzubrechen, wie eine Armee, die blind kämpft und nicht weiß, gegen wen und weshalb. Eigentlich hatte sie durch klares Denken nationalistisches Ideengut allmählich ganz abgestreift … Immer wieder sagte sie, niemand brauche ihr zu bescheinigen, dass sie unvernünftig sei, das wisse sie auch selbst … Sie war nicht mehr sie selbst, und ich war froh, als wir der Insel zum Abschied noch einmal zuwinkten und zu fröhlicheren Tagen nach England zurückkehrten.«

In den folgenden Jahren reisten die drei Frauen jedes Jahr nach Europa. In Jugoslawien waren sie Gäste des Königs, begrüßt von Zigeunerkapellen und singenden Menschen, in Schottland nahm Helen Keller den Ehrendoktor der Universität von Glasgow entgegen, in England gaben der König und die Königin eine Gartenparty für Helen Keller im Buckingham Palace, in Deutschland wurden ihre Bücher verbrannt.

Der deutschen Ausgabe von der *Geschichte meines Lebens* hatte Helen Keller eine Widmung vorangestellt, in der sie die Hoffnung zum Ausdruck brachte, »dass mein Buch etwas Vergnügen gäbe, um die große geistige Freude einigermaßen zu vergelten, die ich dem Lande Schillers und Goethes schuldig bin«. Die Einnahmen aus der *Geschichte meines Lebens* hatte Helen Keller den im Ersten Weltkrieg erblindeten deutschen Soldaten gestiftet, sie liebte die deutsche Sprache und deutsche Kultur, aber dem Land Adolf Hitlers blieb sie fern … »Es muss doch einen Weg geben, die Welt von diesem Hitler-Dasein zu befreien.«

Im Jahre 1932 war John Macy gestorben und Annie schleppte sich freudlos durch die Welt. Das ihr verbliebene Auge schmerzte schon beim Anblick eines weißen Tischtuchs oder einer brennenden Kerze.

Sie ist fast siebzig, als sie von einem taubblinden kleinen Mädchen hört und es unbedingt zu sich nehmen will. Noch einmal von vorne anfangen. Das Kind wurde verwahrlost aufgefunden und ist noch ganz klein, ein Baby. Sie will es adoptieren, will nichts davon hören, dass sie zu alt und zu krank ist, um für das Kleine zu sorgen. Sie streitet sich mit Helen und Polly herum. Und gibt schließlich auf.

So steht am Ende ihres Lebens nicht die Reue darüber, für einen anderen Menschen gelebt zu haben, sondern das Verlangen, es wieder zu tun … »Wie oft bin ich gefragt worden: ›Wenn du dein Leben noch einmal leben könntest, würdest du dann denselben Weg gehen?‹ Ob ich dann Lehrerin wäre? Wenn ich mein Leben noch einmal zu leben hätte, hätte ich wahrscheinlich genauso wenig die Wahl, wie ich sie damals hatte. Ich glaube, dass wir unser Schicksal nicht wählen. Es wählt uns.«

Sie stirbt am 20. Oktober 1936.

XXIV

Helen Keller blieb mit Polly Thomson zurück … »Teachers Abschied warf mein Leben völlig aus dem Gleis, so dass viele Monate vergingen, bevor ich mich selbst wieder zurechtfinden konnte, und bis auf den heutigen Tag ist mir dies noch nicht vollständig gelungen … Noch immer war das Wunder der Sprache da, das sie in meiner Hand zurückgelassen hatte, aber der geheimnisvolle Funke, den sie entzündet hatte, den gab es nicht mehr. Es fehlte die Anregung, die sich aus dem täglichen Zusammenleben mit einem einzigartigen Menschen ergibt, einem Menschen, der dafür sorgte, dass die mich stets bedrängenden Schatten mir nicht zu nahe rückten. Nach ihrem Tod hatte ich nicht genügend inneres Licht, um sie allein abzuwehren. Erst nachdem Polly und ich die Reise nach Japan auf der ›Asama Maru‹ unternommen hatten, begann ein Funke eigener Handlungsfähigkeit mir die dunkle Leere aufzuhellen.«

Helen Keller verkaufte das Haus in Forest Hills und ließ sich mit Polly Thomson in Westport, Connecticut, nieder. Nach dem Zweiten Weltkrieg reist sie wieder durch die Krankenhäuser und ermutigt die im Krieg erblindeten Soldaten zum Weiterleben. Begleitet von Polly Thomson, ist sie fast pausenlos unterwegs, um die Lage der Blinden zu verbessern, nicht mehr nur in den USA, sondern auf der ganzen Welt.

Sie und Polly befinden sich in Rom, als ihr Haus in Westport abbrennt. Sie verliert ihre Braille-Bibliothek, die Briefe von Anne Sullivan, von ihrer Mutter, Schwester und Freunden und das Manuskript ihres Buches über »Teacher«, an dem sie seit Jahren gearbeitet hat.

Sie ist sechsundsechzig Jahre alt, als sie *Teacher* ein zweites Mal zu schreiben beginnt (auf einer gewöhnlichen Schreibmaschine!). Annie ist seit zehn Jahren tot, Helen Keller braucht keine Rücksicht mehr zu nehmen. (Das erste Manuskript war zum Teil noch zu »Teachers« Lebzeiten entstanden.)

Es wird ihr persönlichstes Buch: eine Liebeserklärung für ihre Lehrerin.

Freunde in der Amerikanischen Blindenstiftung, für die Helen Keller seit Anfang der zwanziger Jahre Geld sammelt, Briefe schreibt, unermüdlich tätig ist, lassen ihr Haus in Westport wieder aufbauen, genauso, wie es vorher war, damit sie sich zurechtfindet – wenn sie zu Hause ist.

Meistens ist sie unterwegs, geehrt, gefeiert, umjubelt, unterwegs als Botschafterin der Blinden und Tauben, in Japan und in Australien und Neuseeland, in Griechenland, Italien und Frankreich, in Hawaii, in

Südafrika, in Ägypten, Israel, Libanon, Syrien und Jordanien, in Südamerika und in Indien und in Skandinavien.

1960 stirbt Polly Thomson.

1962 zieht Helen Keller sich nach einem Schlaganfall aus der Öffentlichkeitsarbeit für die Blinden zurück.

Sie stirbt im Schlaf, am 1. Juni 1968:

»In Indien habe ich einen Baum gesehen, den Banyanbaum, der meinem Leben ähnelt. Bei Dürre und anderer Wetterunbill schafft er sich einen Ausweg, indem er von seinen Gliedmaßen kleine Schößlinge ausschickt, die sich dann in den Boden senken, Wurzeln schlagen und Zweige, Blätter, Blüten und Früchte tragen wie der Mutterbaum.« (Aus einer Rede in der Harvard Universität, 1955)

Zeittafel

April 1866	Anne Sullivan in Feeding Hills, Massachusetts, geboren (das genaue Datum steht nicht fest)
27. Juni 1880	Helen Keller in Tuscumbia, Alabama, geboren
3. März 1887	Anne Sullivan trifft bei den Kellers ein
5. April 1887	Helen entdeckt die Sprache
Mai 1888	Erste Reise zum Perkins-Institut nach Boston
März 1890	Sprechunterricht bei Sarah Fuller
Herbst 1894	Besuch der Wright-Humason-Sprachschule für Gehörlose
1. Oktober 1896	Eintritt in die Cambridge School for Young Ladies
Herbst 1900	Eintritt in das Radcliffe College
1902	»The Story of My Life« erscheint
1904	Universitätsabschluss *cum laude*
1905	Anne Sullivan heiratet den Literaturkritiker John Macy
1908	»The World I Live In« erscheint
1914	Polly Thomson wird eingestellt. Endgültige Trennung von John Macy

1930	»Midstream: My Later Life« erscheint. Erste Europareise
1932	John Macy stirbt
1934	Nella Braddys Buch über Anne Sullivan erscheint: »Anne Sullivan Macy: The Story behind Helen Keller«
20. Oktober 1936	Anne Sullivan stirbt
1954	Dokumentarfilm von Nancy Hamilton über Helen Keller: »Helen Keller in Her Story«
1955	»Teacher: Anne Sullivan Macy« erscheint
1960	Polly Thomson stirbt, Winifred Corbally übernimmt ihre Aufgaben
1. Juni 1968	Helen Keller stirbt im Schlaf

Helen Kellers Bücher

The Story of My Life, New York City 1962
verschiedene Übersetzungen ins Deutsche, zuletzt: *Mein Weg aus dem Dunkel,* deutsch von Werner DeHaas, Bern 1994

Optimism, Massachusetts 1903
Optimismus: ein Glaubensbekenntnis, deutsch von Rudolf Lautenbach, Stuttgart 1906

The World I Live In, New York City 1908
verschiedene deutsche Ausgaben, zuletzt: *Meine Welt,* deutsch von Heinrich Conrad, München 1994

Out of the Dark, New York City 1909
Dunkelheit, deutsch von Heinrich Conrad, Stuttgart 1909

The Song of the Stone Wall, New York City 1910

My Religion, New York City 1927
verschiedene deutsche Ausgaben, zuletzt: *Licht in mein Dunkel,* deutsch von Friedemann Horn, Zürich 1955

Midstream: My later life, Garden City, NY 1930
Mitten im Lebensstrom: neue Erinnerungen, deutsch von Eugenie Gutbrod, Stuttgart 1930

Helen Keller's Journal 1936-1937, Garden City, NY 1938

Let Us Have Faith, Garden City, NY 1940

Teacher: Anne Sullivan Macy, New York City 1955
verschiedene Übersetzungen ins Deutsche, zuletzt: *Teacher – Meine Lehrerin Anne Sullivan Macy,* deutsch von Monika Pasch, Verlag Freies Geistesleben, Stuttgart 1995

Über Anne Sullivan Macy

Nella Braddy: *Anne Sullivan Macy – The Story behind Helen Keller,* Garden City, NY 1934

Taubblinden-Alphabet:

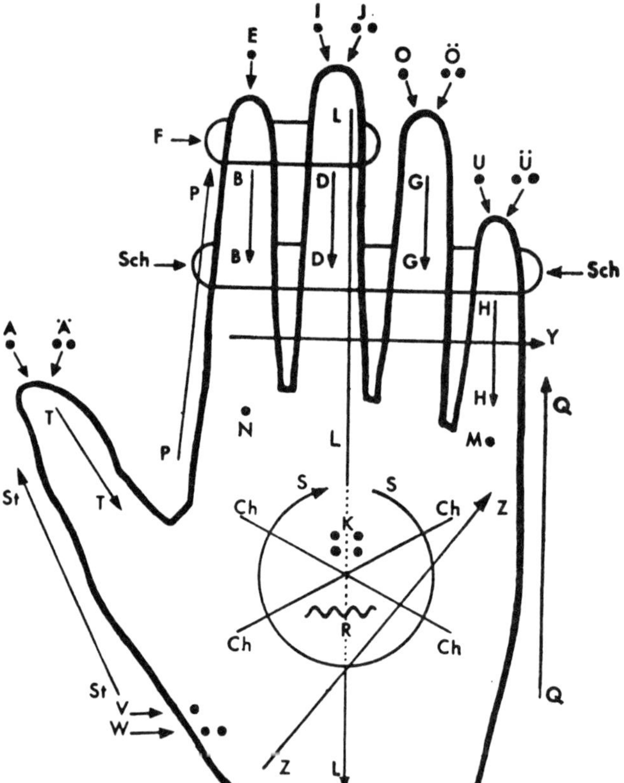

A = Punkt auf die Daumenspitze
E = Punkt auf die Zeigefingerspitze
I = Punkt auf die Mittelfingerspitze
O = Punkt auf die Ringfingerspitze
U = Punkt auf die Kleinfingerspitze

Ä = zwei Punkte auf die Daumenspitze
Ö = zwei Punkte auf die Ringfingerspitze
Ü = zwei Punkte auf die Kleinfingerspitze
J = zwei Punkte auf die Mittelfingerspitze

B = kurzer Abstrich auf der Mitte des Zeigefingers
D = das Gleiche am Mittelfinger
G = das Gleiche am Ringfinger
H = das Gleiche am Kleinfinger
T = das Gleiche am Daumen

F = leichtes Zusammendrücken der Spitzen von Zeige- und Mittelfinger
P = langer Aufstrich an der Außenseite des Zeigefingers
K = Punkt mit vier Fingerspitzen auf den Handteller
L = langer Abstrich von den Fingerspitzen zum Handgelenk
M = Punkt auf die Kleinfingerwurzel
N = Punkt auf die Zeigefingerwurzel

R = leichtes Trommeln der Finger auf den Handteller

S = Kreis auf den Handteller

Z = Schrägstrich vom Daumenballen zur Kleinfingerwurzel

V = Punkt auf den Daumenballen, etwas von außen

W = zwei Punkte auf den Daumenballen, etwas von außen

W = zwei Punkte auf den Daumenballen, etwas von außen

CH = schräges Kreuz auf den Handteller

SCH = leichtes Umfassen der vier langen Finger

ST = langer Aufstrich an der Außenseite des Daumens

C = Punkt auf das Handgelenk

X = Querstrich über das Handgelenk

Q = langer Aufstrich am Außenrand der Hand (Kleinfingerseite)

Y = Querstrich über die Finger in der Mitte